会話と日記で学ぶ中国語

《ステップアップ問題集》

JN112779

郁文堂

　　　　　氏名＿＿＿＿＿＿＿＿＿＿＿　　　　点数＿＿＿＿＿

一．表の空欄を埋めましょう。(1点×20＝20点)

意味	ピンイン	簡体字	意味	ピンイン	簡体字
1.	dìtiě		6. 荷物		
2. 清潔である			7.	tiānqì	
3.		接	8. 本棚		
4. 親切である			9. 順調である		
5.	gǎnxiè		10.	sùshè	

二．次のピンインを中国語簡体字に直し、さらに日本語に訳しましょう。(10点×3＝30点)

1. Hěn gāoxìng rènshi nǐmen，qǐng duō guānzhào.

_____

（訳　　　　　　　　　　　　　　　　　　　　　）

2. Wǒ wǎnshang děi dǎgōng，suǒyǐ bù néng qù wánr.

_____

（訳　　　　　　　　　　　　　　　　　　　　　）

3. Xīwàng nǐ zài Zhōngguó de shēnghuó néng fēicháng yúkuài.

_____

（訳　　　　　　　　　　　　　　　　　　　　　）

三．次の単語を正しい順に並べ替え、さらに文を日本語に訳しましょう。(10点×3＝30点)

1. 坐 / 你 / 的 / 飞机 / 打算 / 几点 / ？

_____

（訳　　　　　　　　　　　　　　　　　　　　　）

2. 带 ／ 能 ／ 图书馆 ／ 吗 ／ 去 ／ 我 ／ ？

_____

（訳　　　　　　　　　　　　　　　　　　　　）

3. 吗 ／ 不 ／ 的 ／ 有 ／ 地方 ／ 明白 ／ ？

_____

（訳　　　　　　　　　　　　　　　　　　　　）

四．次の日本語を中国語に訳しましょう。(5点×4＝20点)

1. 私は友だちが買ってくれたプレゼントをとても気に入っています。

2. もし車を運転するのなら、お酒を飲んではいけません。

3. 友だちは来年アメリカへ留学に行くので、英語をちゃんと学ぶつもりです。

4. 今日は中国に来た初日なので、私はすこし緊張している感じがします。

　　　　氏名＿＿＿＿＿＿＿＿＿＿　　　点数＿＿＿＿＿

一．表の空欄を埋めましょう。（1点×20＝20点）

意味	ピンイン	簡体字	意味	ピンイン	簡体字
1.	chá yóujiàn		6. 言い間違える		
2. 隣近所			7.	huāwán	
3.	shēngqì		8.		困
4. チャットする			9.	gàosu	
5.	zhāodài		10. 風が吹く		

二．次のピンインを中国語簡体字に直し、さらに日本語に訳しましょう。（10点×3＝30点）

1. Wǒ yǐjīng shùnlìde zhǎodào gōngzuò le.

＿＿＿＿＿＿＿＿＿＿＿＿＿＿＿＿＿＿＿＿＿＿＿＿＿＿＿＿

（訳　　　　　　　　　　　　　　　　　　　　　　　　　　）

2. Zhège ruǎnjiàn suīrán hǎo, kěshì bù néng dǎ diànhuà.

＿＿＿＿＿＿＿＿＿＿＿＿＿＿＿＿＿＿＿＿＿＿＿＿＿＿＿＿

（訳　　　　　　　　　　　　　　　　　　　　　　　　　　）

3. Wǒ xiǎng xiān qù chāoshì mǎi cài，ránhòu huí jiā.

＿＿＿＿＿＿＿＿＿＿＿＿＿＿＿＿＿＿＿＿＿＿＿＿＿＿＿＿

（訳　　　　　　　　　　　　　　　　　　　　　　　　　　）

三．次の単語を正しい順に並べ替え、さらに日本語に訳しましょう。（10点×3＝30点）

1. 吗 / 借 / 书 / 到 / 了 / 你 / ？

＿＿＿＿＿＿＿＿＿＿＿＿＿＿＿＿＿＿＿＿＿＿＿＿＿＿＿＿

（訳　　　　　　　　　　　　　　　　　　　　　　　　　　）

2. 她（我 ／ 给 ／ 礼物 ／ 送 ／ 一个 ／ 生日 ／ 。 ）

她 _____

（訳   ）

3. 在 ／ 椅子上 ／ 音乐 ／ 坐 ／ 他 ／ 听 ／ 。

_____

（訳   ）

四．次の日本語を中国語に訳しましょう。(5点×4＝20点)

1. 私の部屋はあまり広くはないけれど、とても清潔です。

2. 彼は昨日私に1冊の小説を郵送してくれました。

3. 私はまず電車で空港に行って、それから飛行機で帰国します。

4. 彼は教室で真剣に英語を勉強しています。

4

　　　　　　氏名＿＿＿＿＿＿＿＿＿＿　　　　　点数＿＿＿＿＿

一．表の空欄を埋めましょう。（1点×20＝20点）

意味	ピンイン	簡体字	意味	ピンイン	簡体字
1.	yōumò		6. お久しぶりです。		
2. 休みの間			7.		厉害
3.	xiànmù		8. ぶらつく		
4.	wēixiǎn		9.	shūdiàn	
5. 本場の			10.	lǚyóu	

二．次のピンインを中国語簡体字に直し、さらに日本語に訳しましょう。（10点×3＝30点）

1. Wǒ yě zhènghǎo xiǎng qù chī wǔfàn，yìqǐ qù ba.

＿＿＿＿＿＿＿＿＿＿＿＿＿＿＿＿＿＿＿＿＿＿＿＿＿＿＿＿＿＿＿＿＿

（訳　　　　　　　　　　　　　　　　　　　　　　　）

2. Nǐ kànwán yǐhòu，kěyǐ jiègěi wǒ ma？

＿＿＿＿＿＿＿＿＿＿＿＿＿＿＿＿＿＿＿＿＿＿＿＿＿＿＿＿＿＿＿＿＿

（訳　　　　　　　　　　　　　　　　　　　　　　　）

3. Tā zài biān chá cídiǎn biān kàn Yīngyǔ xiǎoshuō.

＿＿＿＿＿＿＿＿＿＿＿＿＿＿＿＿＿＿＿＿＿＿＿＿＿＿＿＿＿＿＿＿＿

（訳　　　　　　　　　　　　　　　　　　　　　　　）

三．次の単語を正しい順に並べ替え、さらに日本語に訳しましょう。（10点×3＝30点）

1. 她 ／ 又 ／ 趟 ／ 中国 ／ 了 ／ 回 ／ 。

＿＿＿＿＿＿＿＿＿＿＿＿＿＿＿＿＿＿＿＿＿＿＿＿＿＿＿＿＿＿＿＿＿

（訳　　　　　　　　　　　　　　　　　　　　　　　）

2. 有意思 / 这本 / 特别 / 觉得 / 我 / 书 / 。

_____

（訳   ）

3. 昨天 / 美国 / 刚 / 来 / 从 / 她 / 。

_____

（訳   ）

四．次の日本語を中国語に訳しましょう。(5点×4＝20点)

1. 携帯電話を見ながら車を運転してはいけません。

2. 友達は中国語を勉強するために、中国へ留学に行こうと思っています。

3. 彼は北京で出張している時に、田中さんに出会いました。

4. 今日強い風が吹いているので、電車はまた遅延しました。

　　　　氏名＿＿＿＿＿＿＿＿＿＿　　　　　点数＿＿＿＿

一．表の空欄を埋めましょう。(1点×20＝20点)

意味	ピンイン	簡体字	意味	ピンイン	簡体字
1. 売り切る			6.	dāng fānyì	
2.	zuò diàntī		7.		春节
3. サークル活動			8. 1着のズボン		
4. やっと			9. 1枚のシャツ		
5.	xià lóu		10. 1足の革靴		

二．次のピンインを簡体字に直し、さらに日本語に訳しましょう。(10点×3＝30点)

1. Tā cóng shūbāoli ná chūlai le yì běn cídiǎn.

＿＿＿＿＿＿＿＿＿＿＿＿＿＿＿＿＿＿＿＿＿＿＿＿＿＿＿

（訳　　　　　　　　　　　　　　　　　　　　　　　）

2. Ràng dàjiā jiǔ děng le，fēicháng duìbuqǐ.

＿＿＿＿＿＿＿＿＿＿＿＿＿＿＿＿＿＿＿＿＿＿＿＿＿＿＿

（訳　　　　　　　　　　　　　　　　　　　　　　　）

3. Yīnwèi bù néng huánjià, suǒyǐ wǒ méiyou zài tiāo.

＿＿＿＿＿＿＿＿＿＿＿＿＿＿＿＿＿＿＿＿＿＿＿＿＿＿＿

（訳　　　　　　　　　　　　　　　　　　　　　　　）

三．次の単語を正しい順に並べ替え、さらに日本語に訳しましょう。(10点×3＝30点)

1. 椅子上 / 行李 / 请 / 放 / 把 / 在 / 。

＿＿＿＿＿＿＿＿＿＿＿＿＿＿＿＿＿＿＿＿＿＿＿＿＿＿＿

（訳　　　　　　　　　　　　　　　　　　　　　　　）

2. 不会 / 明天 / 来 / 她 / 学校 / 会 / ？

_____

（訳　　　　　　　　　　　　　　　　　　　　　　）

3. 进 / 山本 / 了 / 教室 / 跑 / 去 / 。

_____

（訳　　　　　　　　　　　　　　　　　　　　　　）

四．次の日本語を中国語に訳しましょう。(5点×4＝20点)

1. 私は財布の中のお金をすべて使い切ってしまいました。

2. 私と友だちは、午後3時に銀行の入り口で会う約束をしました。

3. 父は兄にお酒を飲ませません。

4. 午後はすこし遅く出発しましょう。

8

一．表の空欄を埋めましょう。(1点×20＝20点)

意味	ピンイン	簡体字	意味	ピンイン	簡体字
1. おどろく			6.	jīdàn	
2.	fàngxīn		7.	pǎobù	
3.	yǐwéi		8. 満腹である		
4.		做客	9.	xīhóngshì	
5.	bīng hóngchá		10.		法语

二．次のピンインを簡体字に直し、さらに日本語に訳しましょう。(10点×3＝30点)

1. Chúle wǒ，dàjiā dōu bú huì kāichē.

＿＿＿＿＿＿＿＿＿＿＿＿＿＿＿＿＿＿＿＿＿＿＿＿＿＿＿＿＿＿＿＿＿

（訳　　　　　　　　　　　　　　　　　　　　　　　　　　　）

2. Wǒ gěi péngyou zuòle hǎojǐ ge Rìběn cài.

＿＿＿＿＿＿＿＿＿＿＿＿＿＿＿＿＿＿＿＿＿＿＿＿＿＿＿＿＿＿＿＿＿

（訳　　　　　　　　　　　　　　　　　　　　　　　　　　　）

3. Zài Měiguó,shénme yīnyuè zuì shòu huānyíng？

＿＿＿＿＿＿＿＿＿＿＿＿＿＿＿＿＿＿＿＿＿＿＿＿＿＿＿＿＿＿＿＿＿

（訳　　　　　　　　　　　　　　　　　　　　　　　　　　　）

三．次の単語を正しい順に並べ替え、さらに日本語に訳しましょう。(10点×3＝30点)

1. 吃　/　一点儿　/　你　/　多　/　应该　/　。

＿＿＿＿＿＿＿＿＿＿＿＿＿＿＿＿＿＿＿＿＿＿＿＿＿＿＿＿＿＿＿＿＿

（訳　　　　　　　　　　　　　　　　　　　　　　　　　　　）

2. 手机 / 你 / 买 / 不是 / 吗 / 刚 / ?

_____

（訳　　　　　　　　　　　　　　　　　　　　　）

3. 小说 / 你 / 看 / 喜欢 / 什么 / 平常 / ?

_____

（訳　　　　　　　　　　　　　　　　　　　　　）

四．次の日本語を中国語に訳しましょう。（5 点×4＝20 点）

1. 実は、多くの中国人はウーロン茶のほかに、緑茶を飲むのも好きです。

2. 私は先ほど冷蔵庫を開けたら、中にはデザートしかなかった。

3. 私と友だちはご飯を食べた後、おしゃべりをしながらテレビを見ました。

4. 彼はまだ二十歳になっていないので、たばこを吸うべきではありません。

　　　　　　氏名_____　　　　点数_____

一．表の空欄を埋めましょう。(1点×20＝20点)

意味	ピンイン	簡体字	意味	ピンイン	簡体字
1.	chéngjì		6.	shìyìng	
2. 心配する			7.		脏
3.	zīyuán		8.	niúnǎi	
4. 病気になる			9. 話にならない		
5.	chéngshì		10. 郷に入っては郷に従え		

二．次のピンインを簡体字に直し、さらに日本語に訳しましょう。(10点×3＝30点)

1. Wǒ háishi fēnbuqīngchu lājī de zhǒnglèi.

_____

（訳　　　　　　　　　　　　　　　　　　　　）

2. Wǒ ài hē chá, lǜchá、hóngchá、wūlóngchá shénmede dōu xǐhuan.

_____

（訳　　　　　　　　　　　　　　　　　　　　）

3. Wǒ méiyou mǎidào jīpiào, míngtiān huíbuqù.

_____

（訳　　　　　　　　　　　　　　　　　　　　）

三．次の単語を正しい順に並べ替え、さらに日本語に訳しましょう。(10点×3＝30点)

1. 电脑 / 了 / 谁 / 台 / 竟然 / 扔 / 。

_____

（訳　　　　　　　　　　　　　　　　　　　　）

2. 几 / 我 / 看 / 小说 / 过 / 本 / 英语 / 。

_____

（訳   ）

3. 去 / 她 / 周末 / 打工 / 才 / 只有 / 便利店 / 。

_____

（訳   ）

四. 次の日本語を中国語に訳しましょう。（5点×4＝20点）

1. あなたはもし何か質問があったら、私に聞きに来てもいいです。

2. 今日の新しい単語が多いので、私はしっかり覚えられません。

3. 段ボールは燃えるごみではないので、今日捨てるべきではありません。

4. あなたはこんなにたくさんの料理を作って、食べきれますか。

　　　　　氏名＿＿＿＿＿＿＿＿　　　点数＿＿＿

一．表の空欄を埋めましょう。（1点×20＝20点）

意味	ピンイン	簡体字	意味	ピンイン	簡体字
1. きっと			6. 冬休みになる		
2.		順便	7.	zāogāo	
3. 少しの間			8. 熱い、やけどする		
4.	xiàcì		9.		这样
5.	jīngjì		10.	nònghuài	

二．次のピンインを簡体字に直し、さらに日本語に訳しましょう。（10点×3＝30点）

1. Wǒ qǐng tā hēle yìbēi bīng hóngchá.

＿＿＿＿＿＿＿＿＿＿＿＿＿＿＿＿＿＿＿＿＿＿＿＿＿＿

（訳　　　　　　　　　　　　　　　　　　　　）

2. Nǐ duō cháng shíjiān méiyou huíguó le？

＿＿＿＿＿＿＿＿＿＿＿＿＿＿＿＿＿＿＿＿＿＿＿＿＿＿

（訳　　　　　　　　　　　　　　　　　　　　）

3. Qǐng búyào bǎ máojīn fàngjin wēnquánli.

＿＿＿＿＿＿＿＿＿＿＿＿＿＿＿＿＿＿＿＿＿＿＿＿＿＿

（訳　　　　　　　　　　　　　　　　　　　　）

三．次の単語を正しい順に並べ替え、さらに日本語に訳しましょう。（10点×3＝30点）

1. 天气 ／ 觉得 ／ 的 ／ 你 ／ 怎么样 ／ 今天 ／ ？

＿＿＿＿＿＿＿＿＿＿＿＿＿＿＿＿＿＿＿＿＿＿＿＿＿＿

（訳　　　　　　　　　　　　　　　　　　　　）

2. 了 / 爱 / 去 / 越来越 / 卡拉OK / 我 / 。

_____

（訳　　　　　　　　　　　　　　　　　　　　）

3. 的 / 偷 / 手机 / 人 / 了 / 他 / 被 / 。

_____

（訳　　　　　　　　　　　　　　　　　　　　）

四．次の日本語を中国語に訳しましょう。（5点×4＝20点）

1. 彼女のピアノは弾けば弾くほど上手になりました。

2. 彼女は5年間家に帰っていないので、きっとホームシックになっているでしょう。

3. 私は駅がとても近いと思いこんでいましたが、あんなに遠いとは予想しなかった。

4. 私たちはあっちに行ってついでに飲み物を買って飲みましょう。

　　　　氏名＿＿＿＿＿＿＿＿＿　　　　点数＿＿＿＿

一．表の空欄を埋めましょう。(1点×20＝20点)

意味	ピンイン	簡体字	意味	ピンイン	簡体字
1. 広く知る			6.	jiéjiāo	
2.	tǎolùn		7.	qǐngjiào	
3.		导游	8. 発音		
4. 夢がかなう			9.	zìjǐ	
5.	juédìng		10.	jìxù	

二．次のピンインを簡体字に直し、さらに日本語に訳しましょう。(10点×3＝30点)

1. Nǐ bìyè yǐhòu xiǎng cóngshì shénme gōngzuò?

＿＿＿＿＿＿＿＿＿＿＿＿＿＿＿＿＿＿＿＿＿＿＿＿＿＿

（訳　　　　　　　　　　　　　　　　　　　　　　　）

2. Nǐ jīntiān de jiǔdiàn jiù zài zhèr.

＿＿＿＿＿＿＿＿＿＿＿＿＿＿＿＿＿＿＿＿＿＿＿＿＿＿

（訳　　　　　　　　　　　　　　　　　　　　　　　）

3. Nǐ cuò le，yīnggāi xiàng tā dàoqiàn.

＿＿＿＿＿＿＿＿＿＿＿＿＿＿＿＿＿＿＿＿＿＿＿＿＿＿

（訳　　　　　　　　　　　　　　　　　　　　　　　）

三．次の単語を正しい順に並べ替え、さらに日本語に訳しましょう。(10点×3＝30点)

1. 小说　/　他　/　感兴趣　/　非常　/　对　/　看　/　。

＿＿＿＿＿＿＿＿＿＿＿＿＿＿＿＿＿＿＿＿＿＿＿＿＿＿

（訳　　　　　　　　　　　　　　　　　　　　　　　）

2. 能 ／ 进步 ／ 就 ／ 只要 ／ 你 ／ 努力 ／ ， ／ 。

_____

（訳　　　　　　　　　　　　　　　　　）

3. 当 ／ 听说 ／ 他 ／ 理想 ／ 是 ／ 老师 ／ 的 ／ 。

_____

（訳　　　　　　　　　　　　　　　　　）

四．次の日本語を中国語に訳しましょう。(5点×4＝20点)

1. 彼女は十八歳の時に（早くも）車を運転できるようになりました。

2. デビッドさんは教師にもなりたがっているし、弁護士にもなりたがっています。

3. 私はどのように中国語の発音を練習すればいいのかわかりません。

4. この薬を飲み終わりさえすれば、風邪が治ります。

　　　　氏名＿＿＿＿＿＿＿＿＿　　　　点数＿＿＿＿＿

一．表の空欄を埋めましょう。(1点×20＝20点)

意味	ピンイン	簡体字	意味	ピンイン	簡体字
1. 寝つく			6.	xǐng	
2.	fù fángzū		7.		吵
3.	xiàohua		8. その後		
4. トイレ			9.	hùxiāng	
5.		好像	10. 返信する		

二．次のピンインを簡体字に直し、さらに日本語に訳しましょう。(10点×3＝30点)

1. Wǒ bú kùn, suǒyǐ zěnme yě shuìbuzháo.

＿＿＿＿＿＿＿＿＿＿＿＿＿＿＿＿＿＿＿＿＿＿＿＿＿＿

(訳　　　　　　　　　　　　　　　　　　　　　　)

2. Tā jiāo wǒ de fāngfǎ fēicháng yǒuyòng.

＿＿＿＿＿＿＿＿＿＿＿＿＿＿＿＿＿＿＿＿＿＿＿＿＿＿

(訳　　　　　　　　　　　　　　　　　　　　　　)

3. Jīntiān de kǎoshì kǎode zěnmeyàng?

＿＿＿＿＿＿＿＿＿＿＿＿＿＿＿＿＿＿＿＿＿＿＿＿＿＿

(訳　　　　　　　　　　　　　　　　　　　　　　)

三．次の単語を正しい順に並べ替え、さらに日本語に訳しましょう。(10点×3＝30点)

1. 你 / 可以 / 什么 / 来 / 时候 / 都 / 。

＿＿＿＿＿＿＿＿＿＿＿＿＿＿＿＿＿＿＿＿＿＿＿＿＿＿

(訳　　　　　　　　　　　　　　　　　　　　　　)

17

2. 一 / 他 / 作業 / 家 / 就 / 回 / 写 / 。

_____

（訳　　　　　　　　　　　　　　　　　　　　　　）

3. 題 / 不 / 有 / 懂 / 一道 / 听 / 我 / 。

_____

（訳　　　　　　　　　　　　　　　　　　　　　　）

四．次の日本語を中国語に訳しましょう。(5点×4＝20点)

1. あなたが寝た後、私はどうしても寝付くことができなくなりました。

2. あなたはあす一緒に買い物に行く時間がありますか。

3. 彼女はすごく忙しいので、昨日十二時にやっと家に帰ることができました。

4. 彼は緊張するとすぐタバコを吸いたがります。

18

一．表の空欄を埋めましょう。(1点×20＝20点)

意味	ピンイン	簡体字	意味	ピンイン	簡体字
1.	tānzi		6.	zěnme bàn	
2. あちこち			7.	tiē	
3.		礼堂	8.		精彩
4.	tiàowǔ		9. 論文		
5. 品質			10.	duōcái-duōyì	

二．次のピンインを簡体字に直し、さらに日本語に訳しましょう。(10点×3＝30点)

1. Nàbiān yǒu gèzhǒng xiǎochī，wǒmen qù chī diǎnr shénme ba.

_____

（訳　　　　　　　　　　　　　　　　　　　　）

2. Wǒ búdàn huì xiǎotíqín，érqiě huì gāngqín.

_____

（訳　　　　　　　　　　　　　　　　　　　　）

3. Tā cóngxiǎo xuéxí wǔdǎo，nánguài tiàode nàme bàng.

_____

（訳　　　　　　　　　　　　　　　　　　　　）

三．次の単語を正しい順に並べ替え、さらに日本語に訳しましょう。(10点×3＝30点)

1. 进 / 我 / 了 / 去 / 得 / 教室 / 。

_____

（訳　　　　　　　　　　　　　　　　　　　　）

2. 电脑 / 台 / 上 / 摆 / 桌子 / 着 / 一 / 。

_____

（訳　　　　　　　　　　　　　　　　　　　　　）

3. 才艺 / 的 / 很多 / 孩子 / 培养 / 家庭 / 重视 / 。

_____

（訳　　　　　　　　　　　　　　　　　　　　　）

四．次の日本語を中国語に訳しましょう。(5点×4＝20点)

1. 早く出発しましょう。そうでなければ、間に合わなくなります。

2. 彼女は大学の文化祭で一つのダンスを披露しました。

3. 壁には1枚の中国地図が貼ってあります。

4. この服は価格が安いだけでなく、非常にきれいです。

　　　　　氏名＿＿＿＿＿＿＿＿＿　　　点数＿＿＿＿＿

一．表の空欄を埋めましょう。（1 点×20＝20 点）

意味	ピンイン	簡体字	意味	ピンイン	簡体字
1.	gōngzī		6.	Díshìní	
2.		新闻	7.		认为
3.	wàiyǔ		8. 不思議である		
4. 考え方			9.	língshēng	
5.	zhuānyè		10. 祝う		

二．次のピンインを簡体字に直し、さらに日本語に訳しましょう。（10 点×3＝30 点）

1. Hǎojiǔ méi kàndào nǐ le，nǐ yídìng hěn máng ba?

＿＿＿＿＿＿＿＿＿＿＿＿＿＿＿＿＿＿＿＿＿＿＿＿

（訳　　　　　　　　　　　　　　　　　　　　　）

2. Jīntiān wǒ zài túshūguǎn yùdào le yí ge péngyou.

＿＿＿＿＿＿＿＿＿＿＿＿＿＿＿＿＿＿＿＿＿＿＿＿

（訳　　　　　　　　　　　　　　　　　　　　　）

3. Wǒ búshì méiyou xìnxīn，érshì yǒudiǎnr jǐnzhāng.

＿＿＿＿＿＿＿＿＿＿＿＿＿＿＿＿＿＿＿＿＿＿＿＿

（訳　　　　　　　　　　　　　　　　　　　　　）

三．次の単語を正しい順に並べ替え、さらに日本語に訳しましょう。（10 点×3＝30 点）

1. 没有 / 对 / 今天 / 信心 / 他 / 考试 / 的 / 。

＿＿＿＿＿＿＿＿＿＿＿＿＿＿＿＿＿＿＿＿＿＿＿＿

（訳　　　　　　　　　　　　　　　　　　　　　）

2. 什么样 / 你 / 买 / 的 / 手机 / 想 / 到底 / ?

_____

（訳　　　　　　　　　　　　　　　　　　　　　　　）

3. 公司 / 你 / 这样的 / 难道 / 去 / 吗 / 愿意 / ?

_____

（訳　　　　　　　　　　　　　　　　　　　　　　　）

四．次の日本語を中国語に訳しましょう。(5点×4＝20点)

1. この仕事は残業も出張もしなくてもいいですか。

2. どんな音楽であろうが、彼は全部聴くのが好きです。

3. 彼女は最近2社の面接を受けました。

4. 自分の才能を発揮できる仕事さえであれば、いい仕事です。

一．表の空欄を埋めましょう。(1点×20＝20点)

意味	ピンイン	簡体字	意味	ピンイン	簡体字
1.	kāilǎng		6. 搭乗する		
2. やはり			7. (謎を)当てる		
3.		开玩笑	8.	nánguò	
4.	fǎnduì		9. 世話をする		
5.	hòuhuì-yǒuqī		10.	fēnbié	

二．次のピンインを簡体字に直し、さらに日本語に訳しましょう。(10点×3＝30点)

1. Tā gōngzuò yǐhòu，hěnshǎo hé wǒmen liánxì.

＿＿＿＿＿＿＿＿＿＿＿＿＿＿＿＿＿＿＿＿＿＿＿

(訳　　　　　　　　　　　　　　　　　　　　　　　)

2. Wǒ xiǎng pāi zhào，kěshì shǒujī jìngrán méi diàn le.

＿＿＿＿＿＿＿＿＿＿＿＿＿＿＿＿＿＿＿＿＿＿＿

(訳　　　　　　　　　　　　　　　　　　　　　　　)

3. Tā fēicháng xiǎng jiā，zhǔnbèi jiàqī huí yí tàng guó.

＿＿＿＿＿＿＿＿＿＿＿＿＿＿＿＿＿＿＿＿＿＿＿

(訳　　　　　　　　　　　　　　　　　　　　　　　)

三．次の単語を正しい順に並べ替え、さらに日本語に訳しましょう。(10点×3＝30点)

1. 迟到 / 雨 / 即使 / 她 / 也 / 不 / 下 / 。

＿＿＿＿＿＿＿＿＿＿＿＿＿＿＿＿＿＿＿＿＿＿＿

(訳　　　　　　　　　　　　　　　　　　　　　　　)

2. 了 / 工作 / 日本 / 他 / 理想的 / 找到 / 在 / 。

_____

（訳　　　　　　　　　　　　　　　　　　　）

3. 过 / 面 / 哪儿 / 以前 / 见 / 在 / 我们 / 。

_____

（訳　　　　　　　　　　　　　　　　　　　）

四．次の日本語を中国語に訳しましょう。(5点×4＝20点)

1. 彼は日本語があまり話せないので、私たちは辞書を引きながらおしゃべりするしかありません。

2. 彼女の性格は非常に朗らかで、めったに怒りません。

3. 私たちは一緒に集合写真を1枚撮りましょう。

4. 私は最近すごく忙しく、旅行に行きたくても時間がありません。

・氏 名

_____

・授業名 / 学生番号等

_____

郁 文 堂

https://www.ikubundo.com/

会話と日記で学ぶ

中国語

 王 振宇／李 小捷 著

郁文堂

この教科書には音声、新出単語練習帳（Excel）、Quizlet 単語カードが付属しており、下記の郁文堂のホームページより利用することができます。

https://www.ikubundo.com/related/97

【音声について】

♪ 本文中の音符マークは音声収録箇所を表しています。

01 数字はトラックの番号です。

イラスト・デザイン：高嶋良枝

まえがき

　本書は中国語の基礎をすでに習得しており、これから準中級レベルの中国語を目指す学習者向けの教科書です。全部で 12 課からなっており、各課の構成と各部分の特色は以下の通りです。

● 会話文

本書では、日本を舞台にして、主人公の王好さんと友人たちの大学生活という一貫したストーリーが展開していきます。中国語を活用する上で、日常的な話題を表現する力は極めて重要です。そのため、SNS、買い物、ごみ分類、温泉、検定試験、大学文化祭、就職活動など、会話文では身近なトピックを数多く取り入れています。

● 新出単語と要点

本書の新出単語は、日常生活で頻繁に使用されるものです。各課の4つの文法要点とともに、ほとんどが中国語検定試験のガイドラインに準拠して精選されており、中級レベルまでに習得すべき重要な単語と文法項目が網羅的にピックアップされています。新出単語と要点は、後続の課にも繰り返し使われ、学習者の理解と習熟度を深めるよう工夫されています。

● 日　記

各課には、会話文の内容を反映した主人公の日記という体裁の文章を収録しました。学習者が、中国語の文章力、特に自らの感想や意見を表現するための語学力の向上できるように工夫を凝らしました。

● 練　習

学習の定着を目的として各課の最後にはピンインの読み取り、並べ替え、翻訳、聞き取りという4種類のドリルが用意されています。さらに、別冊教材として「新出単語練習帳」、「ステップアップ問題集」を用意しました。「ステップアップ問題集」では、各課の内容について小テスト形式で出題されますので、学習者の習得度をよりよく把握することができます。時間的に余裕があるクラスにおすすめです。

　本書を通して、学習者の皆さんが総合的な語学力を伸ばし、無理なく初級から中級へのステップアップをはかれることを願います。加油！

　最後に本書の出版にあたり、郁文堂の柏倉健介氏に大変お世話になりました。ここに厚く御礼を申し上げます。

著　者

目　次

デザイン／イラスト：高嶋良枝

登場人物

王 好
Wáng Hǎo

留学生
北京出身
18 歳 大学一年生

山本 翔
Shānběn Xiáng

日本人学生
19 歳 大学二年生

田中 未来
Tiánzhōng Wèilái

日本人学生
20 歳 大学三年生

大卫
Dàwèi

David（デビット）

アメリカ人留学生
21 歳　大学四年生

● 国際空港。田中さんと山本さんが、北京からの留学生・王好さんを出迎えます。

♪
01

王好：你们 好！ 我 是 王 好！
　　　Nǐmen hǎo!　Wǒ shì Wáng Hǎo!

田中：你好！ 欢迎 你。我 叫 田中 未来，很 高兴 认识 你。
　　　Nǐ hǎo!　Huānyíng nǐ.　Wǒ jiào Tiánzhōng Wèilái, hěn gāoxìng rènshi nǐ.

山本：你好！ 我 叫 山本 翔。 请 多 关照。
　　　Nǐhǎo!　Wǒ jiào Shānběn Xiáng.　Qǐng duō guānzhào.

王好：你们 的 汉语 说得 真 棒。
　　　Nǐmen de Hànyǔ shuōde zhēn bàng.

田中：还 不行。
　　　Hái bùxíng.

山本：你 的 行李 都 在 这儿 吗?
　　　Nǐ de xíngli dōu zài zhèr ma?

王好：对，都 在 这儿，一共 三 个。
　　　Duì, dōu zài zhèr, yígòng sān ge.

山本：我 帮 你 拿 吧。我们 坐 十二 点 的 巴士 去 宿舍。
　　　Wǒ bāng nǐ ná ba.　Wǒmen zuò shí'èr diǎn de bāshì qù sùshè.

● 3人は学生寮に到着しました。

山本：到 宿舍 了。
　　　Dào sùshè le.

田中：我们 是 同屋。这 是 你 的 房间。
　　　Wǒmen shì tóngwū.　Zhè shì nǐ de fángjiān.

王好：好 的。
　　　Hǎo de.

田中：要是 有 不 明白 的 地方，可以 来 问 我。
　　　Yàoshi yǒu bù míngbai de dìfang, kěyǐ lái wèn wǒ.

王好：太 感谢 你们 了。
　　　Tài gǎnxiè nǐmen le.

山本：不 客气。明天 我们 打算 带 你 去 学校 看看。
　　　Bú kèqi. Míngtiān wǒmen dǎsuan dài nǐ qù xuéxiào kànkan.

　　　今天 你 在 宿舍 好好儿 休息。
　　　Jīntiān nǐ zài sùshè hǎohāor xiūxi.

生词 shēngcí

♪
02

☐ 欢迎 huānyíng 歓迎する	☐ 日记 rìjì 日記
☐ 认识 rènshi 知り合う	☐ 第一天 dì-yī tiān 初日
☐ 棒 bàng すばらしい	☐ 因为〜所以… yīnwèi〜suǒyǐ…
☐ 行李 xíngli 荷物	〜だから、…
☐ 帮 bāng 手伝う、助ける	☐ 第一次 dì-yī cì 初めて
☐ 巴士 bāshì バス	☐ 觉得 juéde 感じる、〜と思う
☐ 宿舍 sùshè 寮	☐ 紧张 jǐnzhāng 緊張する
☐ 同屋 tóngwū ルームメート	☐ 机场 jīchǎng 空港
☐ 要是 yàoshi もし	☐ 接 jiē 出迎える
☐ 明白 míngbai わかる	☐ 热情 rèqíng 親切である
☐ 地方 dìfang ところ、地方	☐ 干净 gānjìng 清潔である
☐ 问 wèn 質問する	☐ 希望 xīwàng 願う、望む
☐ 感谢 gǎnxiè 感謝する	☐ 生活 shēnghuó 生活
☐ 打算 dǎsuan 〜するつもりである	☐ 愉快 yúkuài 楽しい
☐ 带 dài 連れる	☐ 顺利 shùnlì 順調である
☐ 好好儿 hǎohāor よく、ちゃんと	

日記

1 名詞の修飾語を作る"的"

"的 de" は動詞フレーズ、主述文の後につけて名詞を修飾できます。

1. 我们 坐 去 机场 的 巴士。
   Wǒmen zuò qù jīchǎng de bāshì.

2. 妈妈 做 的 菜 很 好吃。
   Māma zuò de cài hěn hǎochī.

3. 这 是 我 给 你 买 的 礼物。
   Zhè shì wǒ gěi nǐ mǎi de lǐwù.

2 要是……　もし〜なら

"要是 yàoshi（もし）" は仮定条件を表します。これに呼応して、"…就 jiù"（…ならば）を後ろの文に用いることが多いです。（＝ "要是〜，就…"）

1. 要是 你 去 上海，就 给 我 打 电话。
   Yàoshi nǐ qù Shànghǎi, jiù gěi wǒ dǎ diànhuà.

2. 明天 要是 下 雨，我 就 不 去 打 网球。
   Míngtiān yàoshi xià yǔ, wǒ jiù bú qù dǎ wǎngqiú.

3. 要是 喝 了 酒，就 不 能 开车。
   Yàoshi hē le jiǔ, jiù bù néng kāichē.

③ 動詞 "打算" 〜するつもりである

"打算 dǎsuan" は動詞フレーズの前に置かれ、「〜するつもりである」を表します。

1. 书 太 多 了，我 打算 买 一 个 新 书架。　　书架: 本棚
   Shū tài duō le, wǒ dǎsuan mǎi yí ge xīn shūjià.

2. 我 还 不 打算 回 家。
   Wǒ hái bù dǎsuan huí jiā.

3. 要是 打算 去 中国，就 得 好好儿 学 汉语。
   Yàoshi dǎsuan qù Zhōngguó, jiù děi hǎohāor xué Hànyǔ.

④ 因为〜，所以… 〜だから、…

接続詞の "因为 yīnwèi" は原因や理由、"所以 suǒyǐ" は結果をそれぞれ導きます。因果関係を強調するために両者を組み合わせて使うことは多いですが、どちらかを省略することもできます。

1. 因为 有 地铁，所以 很 方便。　　地铁: 地下鉄
   Yīnwèi yǒu dìtiě, suǒyǐ hěn fāngbiàn.

2. 因为 天气 不 好，我 昨天 没有 去。　　天气: 天気
   Yīnwèi tiānqì bù hǎo, wǒ zuótiān méiyou qù.

3. 我 得 打工，所以 不 能 去 玩儿。
   Wǒ děi dǎgōng, suǒyǐ bù néng qù wánr.

王 好 的 日记
Wáng Hǎo de rì jì

_____年____月____日 星期 ____
nián yuè rì xīngqī

♪
03

今天 是 我 来 日本 的 第 一 天。因为 第 一 次 来 日本，所以 我 觉得
Jīntiān shì wǒ lái Rìběn de dì-yī tiān. Yīnwèi dì-yī cì lái Rìběn, suǒyǐ wǒ juéde

有点儿 紧张。我 认识了 田中 未来 和 山本 翔。他们 来 机场 接 我，
yǒudiǎnr jǐnzhāng. Wǒ rènshile Tiánzhōng Wèilái hé Shānběn Xiáng. Tāmen lái jīchǎng jiē wǒ,

非常 热情。 田中 是 我 的 同屋，她 给 我 介绍了 宿舍，房间 非常
fēicháng rèqíng. Tiánzhōng shì wǒ de tóngwū, tā gěi wǒ jièshaole sùshè, fángjiān fēicháng

干净。我 希望 在 日本 的 留学 生活 能 愉快、顺利。
gānjìng. Wǒ xīwàng zài Rìběn de liúxué shēnghuó néng yúkuài、 shùnlì.

To be continued…

◆ 本文の内容をもとに、質問に答えましょう。

1. 谁 去 机场 接 王 好?
   Shéi qù jīchǎng jiē Wáng Hǎo?

_____

2. 王 好 有 几 个 行李?
   Wáng Hǎo yǒu jǐ ge xíngli?

_____

3. 王 好 怎么 去 宿舍?
   Wáng Hǎo zěnme qù sùshè?

_____

4. 王 好 为什么 紧张?
   Wáng Hǎo wèishénme jǐnzhāng?

_____

練 習

A 次のピンインを漢字に直して、日本語に訳しましょう。

1. Nǐ de Hànyǔ shuōde zhēn bàng.　　　（　　　　　　　　　　　　　　　）

_____

2. Wǒ bāng nǐ ná xíngli ba.　　　（　　　　　　　　　　　　　　　）

_____

3. Tāmen lái jīchǎng jiē wǒ le.　　　（　　　　　　　　　　　　　　　）

_____

B 下記の日本語の意味になるように、与えられた中国語を並べ替えましょう。

1. もし来られるなら、私にお電話をください。
（电话　就　我　要是　打　来　给）

2. そこで新聞を読んでいる人はだれですか。
（看报纸　谁　的　是　在那儿　人）

C 次の文を中国語に翻訳しましょう。

1. きみは英語を学ぶつもりがありますか。

2. 私はごはんを食べなかったので、いま食堂に行きます。

3. もし時間があれば、一緒に映画を見に行きましょう。

04

D 音声を聞いて、下線部の空欄を埋めましょう。

1. 我 叫 田中 未来，很 ___ ___ ___ ___ 你。

2. ___ ___ 有 不 ___ ___ 的地方，___ ___ 来 ___ 我。

3. ___ ___ 第一 ___ 来日本，___ ___ 我 ___ ___ 有点儿 ___ ___。

13

我们都用微信 私たちはみんな Wechat を
使っています

Wǒ men dōu yòng Wēi xìn

● 学生寮での、王好さんと田中さんの会話です。

05

王好：田中， 我 想 问 一下，这儿 可以 上网 吗？

　　　Tiánzhōng, wǒ xiǎng wèn yíxià, zhèr kěyǐ shàngwǎng ma?

田中：可以。有 Wi-Fi，这 是 密码。

　　　Kěyǐ. Yǒu Wi-Fi, zhè shì mìmǎ.

王好：太 好 了！我 想 先 查 邮件，然后 整理 行李。

　　　Tài hǎo le! Wǒ xiǎng xiān chá yóujiàn, ránhòu zhěnglǐ xíngli.

田中：对了，王 好，你 有 LINE 吗？

　　　Duì le, Wáng Hǎo, nǐ yǒu LINE ma?

王好：LINE 是 什么？

　　　LINE shì shénme?

田中：LINE 是 很 有名 的 聊天儿 软件，还 可以 打 电话，非常 方便。

　　　LINE shì hěn yǒumíng de liáotiānr ruǎnjiàn, hái kěyǐ dǎ diànhuà, fēicháng fāngbiàn.

王好：在 中国，我们 不 用 LINE，我们 都 用 微信。

　　　Zài Zhōngguó, wǒmen bú yòng LINE, wǒmen dōu yòng Wēixìn.

生词 (1) shēngcí

06

□ 用 yòng 使う

□ 微信 Wēixìn アプリ名 (WeChat)

□ 密码 mìmǎ パスワード

□ 先 xiān まず、先に

□ 查 chá 調べる

□ 邮件 yóujiàn E メール

□ 然后 ránhòu それから

□ 整理 zhěnglǐ 整理する

□ 对了 duìle そういえば

□ 有名 yǒumíng 有名だ

□ 聊天儿 liáotiānr チャットする

□ 软件 ruǎnjiàn ソフトウェア

● 王妍さんは WeChat を使ってお父さんとチャットしています。

♪07

爸爸，我 已经 到 了。
Bàba, wǒ yǐjīng dào le.

顺利 吗？
Shùnlì ma?

很 顺利。两 个 日本 同学 去 机场 接 我 了。
Hěn shùnlì. Liǎng ge Rìběn tóngxué qù jīchǎng jiē wǒ le.

他们 会 说 汉语 吗？
Tāmen huì shuō Hànyǔ ma?

会。我 说 的 汉语，他们 都 能 听懂。
Huì. Wǒ shuō de Hànyǔ, tāmen dōu néng tīngdǒng.

是 吗。宿舍 怎么样？
Shì ma. Sùshè zěnmeyàng?

虽然 不 大，但是 挺 干净 的。
Suīrán bú dà, dànshì tǐng gānjìng de.

我 的 金鱼 怎么样 了?
Wǒ de jīnyú zěnmeyàng le?

送给 邻居 了。
Sònggěi línjū le.

生词 (2) shēngcí

♪08

- □ 已经 yǐjīng もう、すでに
- □ 是吗 shìma そうですか
- □ 虽然 suīrán 〜ではあるが
- □ 但是 dànshì しかし
- □ 挺（…的）tǐng(…de) なかなか、とても

- □ 金鱼 jīnyú 金魚
- □ 邻居 línjū 隣近所
- □ 地 de 他の語に付けて動詞の修飾語を作る成分
- □ 生气 shēngqì 怒る

日記

要 点

❶ 先～，然后 / 再 / 然后再…　まず～、それから…

動作行為の前後関係を示す表現です。"先 xiān" は「まず」を表し、"然后 ránhòu"、
"再 zài"、"然后再 ránhòu zài" は「それから」を表します。

> 1. 他 打算 先 工作 两 三 年，然后 结婚。　　結婚：結婚する
>   Tā dǎsuan xiān gōngzuò liǎng sān nián, ránhòu jiéhūn.
>
> 2. 我 先 坐 巴士 去 机场，再 坐 飞机 回 国。
>   Wǒ xiān zuò bāshì qù jīchǎng, zài zuò fēijī huí guó.
>
> 3. 我们 先 去 看 电影，然后 再 去 唱 卡拉 OK。
>   Wǒmen xiān qù kàn diànyǐng, ránhòu zài qù chàng kǎlā OK.

❷ 虽然～，但是…　～ではあるが、しかし…

"虽然 suīrán ～，但是 dànshì…" は逆接関係を表す接続詞です。"但是"（しかし）のかわりに "不过 búguò"、"可是 kěshì" もよく使われます。"虽然" は省略することもできます。

> 1. 今天 虽然 刮 风，但是 不 太 冷。　　刮风：風が吹く
>   Jīntiān suīrán guāfēng, dànshì bú tài lěng.
>
> 2. 虽然 我 很 困，但是 得 复习。　　困：眠い　复习：復習する
>   Suīrán wǒ hěn kùn, dànshì děi fùxí.
>
> 3. 房间 虽然 不 大，但是 很 干净。
>   Fángjiān suīrán bú dà, dànshì hěn gānjìng.

3 結果補語

結果補語は動詞の後ろに置くことによって、動作の結果がどうなったかを表します。結果補語になる語は動詞と形容詞です。否定形式は " 没有 " を用います。

【動　詞】	＋	【結果補語】
吃 chī / 写 xiě / 看 kàn / 花 huā		完 wán （終わる）
看 kàn / 听 tīng		懂 dǒng （理解する）
听 tīng / 写 xiě / 说 shuō		错 cuò （間違える）
看 kàn / 找 zhǎo / 买 mǎi / 借 jiè		到 dào （目的の達成）
送 sòng / 寄 jì / 借 jiè		给 gěi （～に、渡す相手を導く）
坐 zuò / 站 zhàn / 放 fàng		在 zài （～に、落ち着く場所を導く）

花：(時間やお金を) 費やす　借：借りる、貸す　寄：郵送する　放：置く

1. 这 本 书 很 难， 你 看懂 了 吗?
　　Zhè běn shū hěn nán,　nǐ kàndǒng le　ma?

2. 那 本 书 我 没有 买到，但是 去 图书馆 借到 了。
　　Nà běn shū wǒ méiyǒu mǎidào, dànshì qù túshūguǎn jièdào le.

3. 昨天 是 我 的 生日，朋友 送给 我 一 张 CD。
　　Zuótiān shì wǒ de shēngrì, péngyǒu sònggěi wǒ yì zhāng CD.

4 助詞 "地" 〜に

助詞 " 地 de" は形容詞の後につけて、動詞などの修飾語を作る役割を果たします。

1. 他 高兴 地 告诉 我，他 找到 工作 了。告诉：告げる、知らせる
　　Tā gāoxìng de gàosu wǒ, tā zhǎodào gōngzuò le.

2. 田中 的 家人 热情 地 招待 了 我。　　　招待：招待する
　　Tiánzhōng de jiārén rèqíng de zhāodài le wǒ.

3. 他 每天 在 家 认真 地 学习。　　　　认真：真剣である
　　Tā měitiān zài jiā rènzhēn de xuéxí.

王 好 的 日记
Wáng Hǎo de rì jì

_____年____月____日 星期 ____
　　　nián　yuè　rì xīngqī

♪
09

田中 告诉 我，宿舍 有 Wi-Fi，我 可以 上网。我 用 微信 和 爸爸
Tiánzhōng gàosu wǒ, sùshè yǒu Wi-Fi, wǒ kěyǐ shàngwǎng. Wǒ yòng Wēixìn hé bàba

聊天儿。我 告诉 他，我 已经 顺利 地 到 日本 了。然后，我 问 爸爸，
liáotiānr. Wǒ gàosu tā, wǒ yǐjīng shùnlì de dào Rìběn le. Ránhòu, wǒ wèn bàba,

我 的 金鱼 怎么样 了。他 说，已经 送给 邻居 了。我 有点儿 生气，
wǒ de jīnyú zěnmeyàng le. Tā shuō, yǐjīng sònggěi línjū le. Wǒ yǒudiǎnr shēngqì,

因为 那 是 我 最 喜欢 的 金鱼。
yīnwèi nà shì wǒ zuì xǐhuan de jīnyú.

To be continued…

◆ 本文の内容をもとに、質問に答えましょう。

1. 王 好想 上网 做 什么?
　　Wáng Hǎo xiǎng shàngwǎng zuò shénme?

_____

2. 王 好 常常 用 什么 软件 聊天儿?
　　Wáng Hǎo chángcháng yòng shénme ruǎnjiàn liáotiānr?

_____

3. 王 好 的 宿舍 怎么样?
　　Wáng Hǎo de sùshè zěnmeyàng?

_____

4. 王 好 为什么 生气?
　　Wáng Hǎo wèishénme shēngqì?

_____

 練 習

A 次のピンインを漢字に直して、日本語に訳しましょう。

1. Liǎng ge tóngxué qù jīchǎng jiē wǒ le. （　　　　　　　　　　　　　　）

＿＿＿＿＿＿＿＿＿＿＿＿＿＿＿＿＿＿＿＿＿

2. Wǒ yǐjīng shùnlì de dào Rìběn le. （　　　　　　　　　　　　　　）

＿＿＿＿＿＿＿＿＿＿＿＿＿＿＿＿＿＿＿＿＿

3. Bàba shuō, wǒ de jīnyú sònggěi línjū le. （　　　　　　　　　　　　　　）

＿＿＿＿＿＿＿＿＿＿＿＿＿＿＿＿＿＿＿＿＿

B 下記の日本語の意味になるように、与えられた中国語を並べ替えましょう。

1. 妹はいつも宿題を書いてから、テレビを見ます。
（然后再　常常　先　写作业　看电视　妹妹）

2. 彼はとても忙しいですが、毎日本を読みます。
（很忙　虽然　每天　他　看书　但是）

C 次の文を中国語に翻訳しましょう。

1. 私はまず中国語を勉強して、それから英語を勉強したいです。

2. 私はすこし眠たいのですが、この本を読み終えなければなりません。

3. この字はとても難しいです。私はいつも書き間違えます。

D 音声を聞いて、下線部の空欄を埋めましょう。

1. 我 ＿＿ ＿＿ 查 ＿＿ ＿＿, ＿＿ ＿＿ 再 整理 ＿＿ ＿＿。

2. ＿＿ ＿＿ 不大, ＿＿ ＿＿ 挺 ＿＿ ＿＿ 的。

3. 我 有点儿 ＿＿ ＿＿, ＿＿ ＿＿ 那 是 我 最 ＿＿ ＿＿ 的 金鱼。

19

第三课　肚子饿了　お腹が空きました

Dù zi è le

● 授業後の王好さんと田中さんの会話です。

♪ 11

田中：今天 的 课 难 不 难?

　　　Jīntiān de kè nán bu nán?

王好：有点儿 难。不过，我 觉得 特别 有 意思。

　　　Yǒudiǎnr nán. Búguò, wǒ juéde tèbié yǒu yìsi.

田中：对了，明天 放学 以后，我们 去 逛逛 吧。

　　　Duìle, míngtiān fàngxué yǐhòu, wǒmen qù guàngguang ba.

王好：好 啊。我 也 正好 想 买 件 毛衣。几点 出发?

　　　Hǎo a. Wǒ yě zhènghǎo xiǎng mǎi jiàn máoyī. Jǐ diǎn chūfā?

田中：十二 点 怎么样?

　　　Shí'èr diǎn zěnmeyàng?

王好：我们 先 去 吃 午饭 吧。肚子 饿 了。

　　　Wǒmen xiān qù chī wǔfàn ba. Dùzi è le.

田中：走 吧。我们 一边 走 一边 说。

　　　Zǒu ba. Wǒmen yìbiān zǒu yìbiān shuō.

● 学食で田中さんたちはデビットさんに会いました。

田中：大卫，你 也 在 这儿。好久 不 见！

　　　Dàwèi, nǐ yě zài zhèr. Hǎojiǔ bújiàn!

大卫：我 又 去 中国 了。为了 吃 地道 的 中国 菜，

　　　Wǒ yòu qù Zhōngguó le. Wèile chī dìdào de Zhōngguó cài,

　　　假期 我 又 去了 趟 北京。

　　　jiàqī wǒ yòu qùle tàng Běijīng.

20

田中： 你 又 去 中国 旅游 了 吗? 真 厉害。
Nǐ yòu qù Zhōngguó lǚyóu le ma? Zhēn lìhai.

大卫： 今年 冬天 我 想 再 去 一 次。 这位 是…? 我 还 不 认识 呢。
Jīnnián dōngtiān wǒ xiǎng zài qù yí cì. Zhèwèi shì…? Wǒ hái bú rènshi ne.

田中： 她 叫 王 好, 刚 从 北京 来。 我 同屋。
Tā jiào Wáng Hǎo, gāng cóng Běijīng lái. Wǒ tóngwū.

王好： 大卫, 你好! 一起 吃 吧。
Dàwèi, nǐhǎo! Yìqǐ chī ba.

田中： 我们 边 吃 边 聊。
Wǒmen biān chī biān liáo.

生词 shēngcí

- ☐ 肚子 dùzi 腹
- ☐ 饿 è お腹がすく
- ☐ 特别 tèbié 非常に
- ☐ 放学 fàngxué 学校がひける
- ☐ 以后 yǐhòu ～した後
- ☐ 逛 guàng ぶらつく
- ☐ 正好 zhènghǎo ちょうど
- ☐ 毛衣 máoyī セーター
- ☐ 出发 chūfā 出発する
- ☐ 一边～一边… yìbiān ～yìbiān…
  ～しながら…する
- ☐ 好久不见 Hǎojiǔ bújiàn お久しぶりです!
- ☐ 为了 wèile ～のために

- ☐ 地道 dìdao 本場の
- ☐ 假期 jiàqī 休みの間
- ☐ 趟 tàng ～回（往復する回数の量詞）
- ☐ 旅游 lǚyóu 旅行する
- ☐ 厉害 lìhai すごい
- ☐ 冬天 dōngtiān 冬
- ☐ 这位 zhèwèi この方
- ☐ 刚 gāng ～したばかりである
- ☐ 聊 liáo おしゃべりする
- ☐ 遇到 yùdào 出会う
- ☐ 幽默 yōumò ユーモラスである
- ☐ 熟 shú よく知っている
- ☐ 羡慕 xiànmù うらやむ

日記

♪
12

3

1 ～以后 / 以前 / 的时候　～した後／～する前／～する時

"以后 yǐhòu / 后 hòu"、"以前 yǐqián / 前 qián"、"的时候 de shíhou / 时 shí" は動詞フレーズの後に置いて、それぞれ「～した後」、「～する前」、「～の時／～する時」を表します。

1. 我 到 东京 以后，给 你 发 邮件。
　 Wǒ dào Dōngjīng yǐhòu, gěi nǐ fā yóujiàn.

2. 他 去 美国 以前，没有 学过 英语。
　 Tā qù Měiguó yǐqián, méiyou xuéguo Yīngyǔ.

3. 下 雪 的 时候，慢 一点儿 开 车。　　雪：ゆき　慢：ゆっくり
　 Xià xuě de shí hou, màn yìdiǎnr kāi chē.

2 一边～一边…　～しながら、…する

"一边 yìbiān" は "一边～一边…" の形で用いられ、二つの動作行為を同時に行うことを表します。"边～边…" のように "一" を省略することもできます。

1. 我 和 朋友 一边 喝 咖啡 一边 聊天儿。
　 Wǒ hé péngyou yìbiān hē kāfēi yìbiān liáotiānr.

2. 他们 边 听 边 写，非常 认真。
　 Tāmen biān tīng biān xiě, fēicháng rènzhēn.

3. 一边 开车 一边 打 电话 很 危险。　　危险：危ない
　 Yìbiān kāichē yìbiān dǎ diànhuà hěn wēixiǎn.

③ 前置詞 "为了" 〜のために

"为了 wèile" は文の前半に置いて目的を表します。

1. 他 为了 给 妈妈 买 礼物，每天 打工。
   Tā wèile gěi māma mǎi lǐwù, měitiān dǎgōng.

2. 为了 学 英语，她 去 美国 留学。
   Wèile xué Yīngyǔ, tā qù Měiguó liúxué.

3. 为了 买 那 本 书，我 去了 很 多 书店。　书店: 本屋
   Wèile mǎi nà běn shū, wǒ qùle hěn duō shūdiàn.

④ 副詞 "又"、"再" また

"又 yòu"、"再 zài" はいずれも「また」と訳されることができますが、"又" は過去に起きた動作に使われることに対し、"再" はこれから再び起きる動作に使われます。

1. 上 星期 她 又 出差 了。　出差: 出張する
   Shàng xīngqī tā yòu chūchāi le.

2. 今天 下 雨，电车 又 晚点 了。　晚点: 遅延する
   Jīntiān xià yǔ, diànchē yòu wǎndiǎn le.

3. 那个 餐厅 的 菜 非常 好吃，我 想 再 去 一 次。
   Nàge cāntīng de cài fēicháng hǎochī, wǒ xiǎng zài qù yí cì.

王好的日记
Wáng Hǎo de rì jì

_____年_____月_____日 星期 _____
nián   yuè   rì   xīngqī

♪
13

开始 上课 一个 月 了。我 觉得 今天 的 课 非常 有 意思。
Kāishǐ shàngkè yí ge yuè le. Wǒ juéde jīntiān de kè fēicháng yǒu yìsi.

中午 休息，我 和 田中 在 吃 午饭 的 时候，遇到了 大卫。大卫 是
Zhōngwǔ xiūxi, wǒ hé Tiánzhōng zài chī wǔfàn de shíhou, yùdàole Dàwèi. Dàwèi shì

美国人，非常 幽默。他 和 田中 很 熟。大卫 今年 暑假 又 去 中国
Měiguórén, fēicháng yōumò. Tā hé Tiánzhōng hěn shú. Dàwèi jīnnián shǔjià yòu qù Zhōngguó

旅游 了。他 说，冬天 他 想 再 去。田中 很 羡慕 他。
lǚyóu le. Tā shuō, dōngtiān tā xiǎng zài qù. Tiánzhōng hěn xiànmù tā.

To be continued…

◆ 本文の内容をもとに、質問に答えましょう。

1. 王 好 觉得 今天 的 课 怎么样？
Wáng Hǎo juéde jīntiān de kè zěnmeyàng?

_____

2. 明天 放学 以后，田中 和 王 好 打算 做 什么？
Míngtiān fàngxué yǐhòu, Tiánzhōng hé Wáng Hǎo dǎsuan zuò shénme?

_____

3. 王 好 想 买 什么？
Wáng Hǎo xiǎng mǎi shénme?

_____

4. 大卫 暑假 去 做 什么 了？
Dàwèi shǔjià qù zuò shénme le?

_____

練習

A 次のピンインを漢字に直して、日本語に訳しましょう。

1. Jīntiān de kè hěn nán, búguò tèbié yǒu yìsi. 〔   〕

_____

2. Wǒ yě zhènghǎo xiǎng mǎi jiàn máoyī. 〔   〕

_____

3. Wǒmen yìbiān zǒu yìbiān liáo. 〔   〕

_____

B 下記の日本語の意味になるように、与えられた中国語を並べ替えましょう。

1. 私は音楽を聴きながら小説を読むのが好きです。
（看小说　我　一边　一边　喜欢　听音乐）

2. 私はもう一度北京に行きたいです。
（一趟　我　再　想　北京　去）

C 次の文を中国語に翻訳しましょう。

1. 授業を受けるときに、スマホを見てはいけません。

2. 中国へ留学に行くために、私は中国語をちゃんと勉強しなければいけません。

3. 私は今日の午後またあなたに電話をかけます。

D 音声を聞いて、下線部の空欄を埋めましょう。

14

1. 明天 ___ ___ ___ ___，我们 去 ___ ___ 吧。

2. ___ ___ 吃 ___ ___ 的 中国菜，___ ___ 我 ___ 去 了 ___ 北京。

3. 他 说，___ ___ 他 ___ ___ 去。田中 很 ___ ___ 他。

把钱都花完了

お金を使いきってしまいました

Bǎ qián dōu huā wán le

● ショッピングモールの入り口。王好さんが田中さんを待っています。

♪
15

王好： 山本，你 怎么 在 这儿？ 看到 田中 了吗？
Shānběn, nǐ zěnme zài zhèr? Kàndào Tiánzhōng le ma?

我们 约好 在 商场 门口 见面。
Wǒmen yuēhǎo zài shāngchǎng ménkǒu jiànmiàn.

山本： 田中 有 社团 活动，晚 点儿 来。她 让我 给 你 当 翻译。
Tiánzhōng yǒu shètuán huódòng, wǎn diǎnr lái. Tā ràng wǒ gěi nǐ dāng fānyì.

王好： 那 麻烦 你 了。我们 进 商场 去 吧。
Nà máfan nǐ le. Wǒmen jìn shāngchǎng qù ba.

山本： 你 今天 打算 买 什么？
Nǐ jīntiān dǎsuan mǎi shénme?

王好： 下 星期 会 变冷，所以 我 想 买 一 件 毛衣。卖 衣服 的 地方 在
Xià xīngqī huì biàn lěng, suǒyǐ wǒ xiǎng mǎi yí jiàn máoyī. Mài yīfu de dìfang zài

几 楼？
jǐ lóu?

山本： 电梯 旁边 有 地图。……在 三 楼。
Diàntī pángbiān yǒu dìtú. …Zài sān lóu.

● 買い物のあと

山本： 你 买了 这么 多 东西，把 钱 都 花完 了 吧？
Nǐ mǎile zhème duō dōngxī, bǎ qián dōu huāwán le ba?

王好： 要是 能 还价，我 还 想 再 挑挑。对了，田中 快 来 了 吧？
Yàoshi néng huánjià, wǒ hái xiǎng zài tiāotiao. Duìle, Tiánzhōng kuài lái le ba?

田中： 王 好！ 山本！ 终于 找到 你们 了。
Wáng Hǎo! Shānběn! Zhōngyú zhǎodào nǐmen le.

山本： 你 可以 给 我们 打 电话。
　　　Nǐ　kěyǐ　gěi　wǒmen　dǎ　diànhuà.

田中： 我 把 手机 忘在 宿舍里 了。王 好，这些 都 是 你 买 的 吗?
　　　Wǒ　bǎ　shǒujī　wàngzài　sùshèli　le.　Wáng Hǎo，zhèxiē　dōu　shì　nǐ　mǎi　de　ma?

王好： 对。都 是 我 买 的。
　　　Duì.　Dōu　shì　wǒ　mǎi　de.

山本： 我们 下 楼 去 吃 饭 吧。
　　　Wǒmen　xià　lóu　qù　chī　fàn　ba.

生词 shēngcí

- □ 把 bǎ ～を
- □ 约 yuē 約束する、誘う
- □ 商场 shāngchǎng ショッピングモール
- □ 门口 ménkǒu 出入り口
- □ 见面 jiànmiàn 会う
- □ 社团 shètuán サークル
- □ 活动 huódòng 活動
- □ 让 ràng ～させる
- □ 当 dāng 務める、～になる
- □ 翻译 fānyì 通訳、訳する
- □ 麻烦 máfan 面倒をかける
- □ 会 huì ～するであろう
- □ 变 biàn 変わる、～になる
- □ 卖 mài 売る

- □ 楼 lóu ～階、フロア
- □ 电梯 diàntī エレベーター
- □ 这么 zhème こんなに
- □ 还价 huánjià 値切る
- □ 挑 tiāo 選ぶ
- □ 终于 zhōngyú やっと
- □ 忘 wàng 忘れる
- □ 这些 zhèxiē これら
- □ 红色 hóngsè 赤
- □ 衬衫 chènshān シャツ
- □ 条 tiáo ズボンなどの量詞
- □ 双 shuāng 靴などの量詞
- □ 皮鞋 píxié 革靴

日記

4

16

① 使役文（A ＋让＋ B ＋動詞（＋目的語）） A が B に～させる／するように言う

1. 我 让 他 先 回 家 了。
   Wǒ ràng tā xiān huí jiā le.

2. 对不起，让 您 久 等 了。
   Duìbuqǐ, ràng nín jiǔ děng le.

3. 妈妈 不 让 弟弟 玩儿 游戏。
   Māma bú ràng dìdi wánr yóuxì.

② 方向補語

方向補語は動詞の後に置かれて、動作の向かう方向を表します。単純方向補語と複合方向補語の2種類に分けられます。

（1）単純方向補語: 動詞 ＋ 来（～してくる）／去（～していく）

1. 老师 进来 了。　2. 我 明天 拿去。
   Lǎoshī jìnlai le.　　　Wǒ míngtiān náqu.

※目的語の位置
①**場所**を表す目的語は「動詞と方向補語の間」に置かれます。
②**物**を表す目的語は将来の動作の場合、「動詞と方向補語の間」に置かれます。**過去**の動作の場合は「方向補語の後」にも「動詞と方向補語の間」にも置かれることがあります。

3. 老师 进 教室 来 了。　4. 我 明天 拿 电脑 去。
   Lǎoshī jìn jiàoshì lái le.　　　Wǒ míngtiān ná diànnǎo qù.

5. 我 昨天 拿来 了 一 台 电脑。 / 我 昨天 拿 电脑 来 了。
   Wǒ zuótiān nálaile yì tái diànnǎo.　　　Wǒ zuótiān ná diànnǎo lái le.

（2）複合方向補語

動詞＋	上来	下来	进来	出来	回来	过来	起来
	shànglai	xiàlai	jìnlai	chūlai	huílai	guòlai	qǐlai
	上去	下去	进去	出去	回去	过去	
	shàngqu	xiàqu	jìnqu	chūqu	huíqu	guòqu	

上：上がる　下：下りる　进：入る　出：出る　过：過ぎる　回：もどる　起：起きる

※目的語の位置
①**場所**を表す目的語は「方向補語の間」に置かれます。
②**物**を表す目的語は「方向補語の後」にも「方向補語の間」にも置かれることがあります。

6. 他 跑 进去 了。　跑: 走る　7. 他 跑 进 教室 去 了。
Tā pǎo jìnqu le.　　　　　　　Tā pǎo jìn jiàoshì qù le.

8. 他 拿 出来 了 一 台 电脑。 / 他 拿 出 电脑 来 了。
Tā ná chūlai le yì tái diànnǎo.　Tā ná chū diànnǎo lái le.

4

③ "把" 構文 (A 把 B＋動詞＋付加成分)　A は B を～する

"把" の構文は、主語 A が対象 B に与えた影響 (量、場所、状態などの変化) を強調するために使われます。動詞の後には、これらの影響を表す付加成分が必要です。

1. 我 把 可乐 喝完 了。
Wǒ bǎ kělè hēwán le.

2. 老师 把 书 放在 桌子上 了。
Lǎoshī bǎ shū fàngzài zhuōzishang le.

3. 他 常常 把 那个 字 写错。
Tā chángcháng bǎ nàge zì xiěcuò.

④ 助動詞 "会"

"会 huì" は可能性を表す助動詞としても使え、「～するはずだ」、「～するだろう」などの意味を表します。文末に "的 de" を伴うことができます。

1. 现在 是 春节，所以 商场 的人会 很多。　春节: 旧正月
Xiànzài shì Chūnjié, suǒyǐ shāngchǎng de rén huì hěn duō.

2. 他 工作 很 忙，不 会 来 的。
Tā gōngzuò hěn máng, bú huì lái de.

3. 明天 会不会 下 雨?
Míngtiān huìbuhuì xià yǔ?

 日 記

王 好 的 日 记
Wáng Hǎo de rì jì

_____年____月____日 星期____
nián　 yuè　 rì xīngqī

♪
17
今天　田中　和　我　约好　十二　点　在　商场　门口　见面。
Jīntiān Tiánzhōng hé wǒ yuēhǎo shí'èr diǎn zài shāngchǎng ménkǒu jiànmiàn.

可是，因为 有 社团 活动， 田中 让 山本 先 来 给 我 当 翻译。
Kěshì,　 yīnwèi yǒu shètuán huódòng, Tiánzhōng ràng Shānběn xiān lái gěi wǒ dāng fānyì.

我 买了 一 件 红色 的 毛衣、一 件 衬衫、两 条 裤子、一 双 皮鞋。
Wǒ mǎile yí jiàn hóngsè de máoyī、 yí jiàn chènshān、liǎng tiáo kùzi、 yì shuāng píxié.

因为 我 买了 很 多 东西，所以 把 这 个 月 的 钱 都 花完 了。
Yīnwèi wǒ mǎile hěn duō dōngxi,　 suǒyǐ bǎ zhège yuè de qián dōu huāwán le.

To be continued…

◆ 本文の内容をもとに、質問に答えましょう。

1. 王 好 和 田中 约好 在 哪儿 见面？
Wáng Hǎo hé Tiánzhōng yuēhǎo zài nǎr jiànmiàn?

_____

2. 山本 为什么 在 商场？
Shānběn wèishénme zài shāngchǎng?

_____

3. 田中 为什么 没 给 王 好 打 电话？
Tiánzhōng wèishénme méi gěi Wáng Hǎo dǎ diànhuà?

_____

4. 王 好 买 什么 了？
Wáng Hǎo mǎi shénme le?

_____

A 次のピンインを漢字に直して、日本語に訳しましょう。

1. Nǐmen yuēhǎo zài nǎr jiànmiàn? ⎛   ⎞
                                   ⎝   ⎠
   _____

2. Nǐ bǎ qián dōu huāwán le ba? ⎛   ⎞
                                 ⎝   ⎠
   _____

3. Wǒ bǎ shǒujī wàngzài jiàoshìli le. ⎛   ⎞
                                       ⎝   ⎠
   _____

4

B 下記の日本語の意味になるように、与えられた中国語を並べ替えましょう。

1. 医者は私に家でちゃんと休むように言いました。
（在家　我　医生　好好儿　让　休息）

2. 私はコンピュータを持って帰ってきました。
（我　回　电脑　来了　把　拿）

C 次の文を中国語に翻訳しましょう。

1. 私は傘を電車に忘れてしまいました。

2. 母は弟に買い物に行かせました。

3. 今日はすごく暑いので、夜に雨が降るはずです。

♪ D 音声を聞いて、下線部の空欄を埋めましょう。

18

1. 下星期 ___ ___ ___，所以 我 想 ___ 一 ___ ___ ___。

2. 我们 ___ ___ ___ 吃 饭 吧。

3. 我 买 了 一___ 红色 的 ___ ___、一 ___ ___ ___、两 ___ ___ ___、

   一 ___ ___ ___。

● 田中さんたちに招待されて、山本さんとデビットさんは学生寮に来ています。

♪
19

田中：大卫，你 已经 吃了 三 碗 了。
　　　Dàwèi, nǐ yǐjīng chīle sān wǎn le.

大卫：王 好 做 的 炒饭 太 地道 了，西红柿 炒 鸡蛋 又 好吃 又 好看。
　　　Wáng Hǎo zuò de chǎofàn tài dìdao le, xīhóngshì chǎo jīdàn yòu hǎochī yòu hǎokàn.

田中：大卫，你 应该 少 吃 一点儿。
　　　Dàwèi, nǐ yīnggāi shǎo chī yìdiǎnr.

大卫：放心 吧。我 吃了 饭 以后 运动。
　　　Fàngxīn ba. Wǒ chīle fàn yǐhòu yùndòng.

王好：你 平常 做 什么 运动？
　　　Nǐ píngcháng zuò shénme yùndòng?

田中：我 喜欢 跑步。
　　　Wǒ xǐhuan pǎobù.

● 食事の後、みんなはお茶を飲みながらおしゃべりをしています。

大卫：这 茶 真 香！是 什么 茶？
　　　Zhè chá zhēn xiāng! Shì shénme chá?

王好：龙井茶。 最 有名 的 绿茶。
　　　Lóngjǐngchá. Zuì yǒumíng de lǜchá.

山本：中国人 不 是 喜欢 喝 乌龙茶 吗？
　　　Zhōngguórén bú shì xǐhuan hē wūlóngchá ma?

王好：其实，很 多 中国人 也 爱 喝 绿茶。
　　　Qíshí, hěn duō Zhōngguórén yě ài hē lǜchá.

田中：除了 绿茶 以外，茉莉 花茶 也 很 受 欢迎。
　　　Chúle lǜchá yǐwài, mòli huāchá yě hěn shòu huānyíng.

山本：真 没 想到！
　　　Zhēn méi xiǎngdào!

大卫：王 好，我 刚才 打开 冰箱，里面 只 有 冰 红茶，有 甜点 吗?
　　　Wáng Hǎo, wǒ gāngcái dǎkāi bīngxiāng, lǐmiàn zhǐ yǒu bīng hóngchá, yǒu tiándiǎn ma?

田中：大卫，你 还 没有 吃饱 吗?
　　　Dàwèi, nǐ hái méiyou chībǎo ma?

生词 shēngcí

- 做客 zuòkè 人の家を訪れる、客となる
- 碗 wǎn 〜杯（椀に入った物の量詞）
- 西红柿 xīhóngshì トマト
- 炒 chǎo 炒める
- 鸡蛋 jīdàn （ニワトリの）卵
- 又〜又… yòu 〜 yòu… 〜でもあり、…でもある
- 应该 yīnggāi 〜すべきである
- 放心 fàngxīn 安心する
- 运动 yùndòng スポーツ（をする）
- 平常 píngcháng ふだん
- 跑步 pǎobù ジョギングをする
- 香 xiāng かおりがよい
- 龙井茶 lóngjǐngchá 龍井茶（銘茶）
- 绿茶 lǜchá 緑茶
- 其实 qíshí 実は

- 爱 ài 好む
- 除了〜以外 chúle 〜 yǐwài 〜のほかに
- 茉莉花茶 mòli huāchá ジャスミン茶
- 受 欢迎 shòu huānyíng 受けがよい
- 想到 xiǎngdào 予想する、思いつく
- 刚才 gāngcái さっき、先ほど
- 打开 dǎkāi 開ける
- 冰箱 bīngxiāng 冷蔵庫
- 只 zhǐ ただ〜だけ
- 冰 bīng 氷
- 红茶 hóngchá 紅茶
- 甜点 tiándiǎn デザート
- 饱 bǎo 満腹になる
- 好几 hǎojǐ いくつもの ── 日記
- 吃惊 chījīng おどろく
- 以为 yǐwéi 思い込む

20

要 点

1 又～又…　～でもあり、…でもある

"又 yòu ～又……" の文型は、形容詞や動詞が使われ、「～でもあり、～でもある」、「～したり、～したりする」といった並列関係を表します。書きことばとして "既 jì ～又…" の言い方もあります。

1. 食堂 的 菜 又 好吃 又 便宜。
　Shítáng de cài yòu hǎochī yòu piányi.

2. 哥哥 又 会 说 汉语 又 会 说 法语。　法语: フランス語
　Gēge yòu huì shuō Hànyǔ yòu huì shuō Fǎyǔ.

3. 我 又 爱 看 小说 又 爱 看 电影。
　Wǒ yòu ài kàn xiǎoshuō yòu ài kàn diànyǐng.

2 助動詞 "应该"　～すべきである

"应该 yīnggāi" は「～すべきである」、「～しなければならない」を表します。否定は "不应该" であり、「～すべきではない」という意味を表します。

1. 要是 没 听懂，应该 问 老师。
　Yàoshi méi tīngdǒng, yīnggāi wèn lǎoshī.

2. 吃 饭 前 应该 把 手 洗干净。
　Chī fàn qián yīnggāi bǎ shǒu xǐgānjìng.

3. 你 还 没有 二十 岁，不 应该 喝 酒。　没有: 達しない
　Nǐ hái méiyou èrshí suì, bù yīnggāi hē jiǔ.

❸ 反語文① "不是～吗？"　～ではないのか

"不是～吗？" は「～ではないのか」という反語の語気を表します。なお、動詞が "是" である場合、"不是是" ではなく、例3のように "是" を1つ省きます。

1. 你 不是 肚子 饿 了 吗? 多 吃 一点儿！
   Nǐ bú shì dùzi è le ma? Duō chī yìdiǎnr !

2. 你 不是 有 手机 吗? 怎么 不 打 电话?
   Nǐ bú shì yǒu shǒujī ma? Zěnme bù dǎ diànhuà?

3. 这 不是 小李 吗? 好久 不见！
   Zhè bú shì Xiǎo Lǐ ma? Hǎojiǔ bújiàn!

❹ 除了～以外，…　～のほかに、…

"除了 chúle ～以外 yǐwài" は、下記（1）のように副詞 "也 yě"、"还 hái" が続く場合は「～のほかに、～も～」を表します。一方、（2）のような "都 dōu" が呼応する場合、「～以外は、～みな／全部～」を表します。また "以外" を省略することもできます。

（1）除了～以外，…也／还…（～のほかに、…も…）

1. 昨天 除了 李 老师 以外，王 老师 也 来 了。
   Zuótiān chúle Lǐ lǎoshī yǐwài, Wáng lǎoshī yě lái le.

2. 这个 餐厅 除了 中国 菜，还 有 日本 菜。
   Zhège cāntīng chúle Zhōngguó cài, hái yǒu Rìběn cài.

（2）除了～以外，…都…（～以外は、…みな…）

3. 他 今天 很 忙。除了 他 以外，大家 都 去 玩儿 了。
   Tā jīntiān hěn máng. Chúle tā yǐwài, dàjiā dōu qù wánr le.

4. 我 学过 钢琴。除了 我，大家 都 不 会 弹。　钢琴: ピアノ　弹: 弾く
   Wǒ xuéguo gāngqín. Chúle wǒ, dàjiā dōu bú huì tán.

王 好 的 日记
Wáng Hǎo de rì jì

_____年____月____日 星期 ____
nián　yuè　rì xīngqī

♪
21

今天 大卫 和 山本 来 做客。我 给 他们 做了 炒饭 和 好几 个 中国 菜。
Jīntiān Dàwèi hé Shānběn lái zuòkè. Wǒ gěi tāmen zuòle chǎofàn hé hǎojǐ ge Zhōngguó cài.

我们 还 没 吃饱，大卫 把 菜 都 吃完 了。他 还 想 吃 甜点！吃完 饭，
Wǒmen hái méi chībǎo, Dàwèi bǎ cài dōu chīwán le. Tā hái xiǎng chī tiándiǎn! Chīwán fàn,

我们 一边 喝 龙井茶 一边 聊天儿。我 告诉 他们，中国人 也 很 爱 喝
wǒmen yìbiān hē lóngjǐngchá yìbiān liáotiānr. Wǒ gàosu tāmen, Zhōngguórén yě hěn ài hē

绿茶。山本 听了 很 吃惊，因为 他 以为 中国人 只 喜欢 喝 乌龙茶。
lǜchá. Shānběn tīngle hěn chījīng, yīnwèi tā yǐwéi Zhōngguórén zhǐ xǐhuan hē wūlóngchá.

To be continued…

◆ 本文の内容をもとに、質問に答えましょう。

1. 王 好 做 菜 做得 怎么样？
Wáng Hǎo zuò cài zuòde zěnmeyàng?

_____

2. 田中 平常 做 什么 运动？
Tiánzhōng píngcháng zuò shénme yùndòng?

_____

3. 很 多 中国人 爱 喝 什么 茶？
Hěn duō Zhōngguórén ài hē shénme chá?

_____

4. 吃完 饭 以后，大卫 还 想 吃 什么？
Chīwán fàn yǐhòu, Dàwèi hái xiǎng chī shénme?

_____

A 次のピンインを漢字に直して、日本語に訳しましょう。

1. Dàwèi yǐjīng chīle sān wǎn le.

   (　　　　　　　　　　　　)

   _____

2. Nǐ yīnggāi shǎo chī yìdiǎnr.

   (　　　　　　　　　　　　)

   _____

3. Qíshí hěn duō Zhōngguórén ài hē lǜchá.

   (　　　　　　　　　　　　)

   _____

B 下記の日本語の意味になるように、与えられた中国語を並べ替えましょう。

1. デビットさんは上海にも、北京にも行きたがっています。
（去上海　去北京　大卫　又想　又想）

2.（あなたは）運転しながら電話をするべきではありません。
（你　开车　一边　不应该　一边　打电话）

C 次の文を中国語に翻訳しましょう。

1. 母が作ってくれた料理はおいしくて見た目がいいです。

2. 私の兄は英語のほかに、中国語もできます。

3. あなたは自転車を持っているのではありませんか。

D 音声を聞いて、下線部の空欄を埋めましょう。

1. ___ ___ ___ 炒 ___ ___ ___ 好吃 ___ 好看。

2. ___ ___ 绿茶 ___ ___ , 茉莉 花茶 也 很___ ___ ___。

3. 山本___ 了 很 ___ ___ , 因为 他 ___ ___ 中国人 ___ ___ ___
   喝 乌龙茶。

5

● 日曜日の早朝、田中さんと王好さんの会話です。

♪
23

田中：真　不像话！

　　　Zhēn búxiànghuà!

王好：怎么 了？

　　　Zěnme　le?

田中：谁 竟然 扔了 个　纸箱。今天 应该　扔　可燃 垃圾。

　　　Shéi jìngrán rēngle ge zhǐxiāng. Jīntiān yīnggāi rēng kěrán lājī.

王好：纸箱 不　能　燃烧 吗？

　　　Zhǐxiāng bù　néng ránshāo ma?

田中：纸箱　是 资源 垃圾。

　　　Zhǐxiāng shì zīyuán lājī.

王好：那　杂志 呢？

　　　Nà　zázhì ne?

田中：杂志　跟　纸箱　一样 是 资源 垃圾。

　　　Zázhì gēn zhǐxiāng yíyàng shì zīyuán lājī.

● 田中さんたちはスーパーの入り口でデビットさんと会いました。

王好：大卫，你　都 买了 什么？

　　　Dàwèi,　nǐ dōu mǎile shénme?

大卫：我 买了 面包、牛奶、垃圾 袋 什么的。

　　　Wǒ mǎile miànbāo、niúnǎi、　lājī dài shénmede.

王好：你 买 这么 多 垃圾 袋，用得完 吗？

　　　Nǐ mǎi zhème duō lājī dài, yòngdewán ma?

大卫： 别 担心，用得完。
　　　　Bié dānxīn, yòngdewán.

王好： 大卫，你 分得清楚 垃圾 的 种类 吗？
　　　　Dàwèi, nǐ fēndeqīngchu lājī de zhǒnglèi ma?

大卫： 分得清楚。
　　　　Fēndeqīngchu.

王好： 那 纸箱 是 什么 垃圾？
　　　　Nà zhǐxiāng shì shénme lājī?

大卫： 当然 是 可燃 垃圾。
　　　　Dāngrán shì kěrán lājī.

6

生词 shēngcí

♪
24

- [ ] 入乡随俗 rùxiāng-suísú
     郷に入っては郷に従え
- [ ] 不像话 búxiànghuà 話にならない
- [ ] 竟然 jìngrán なんと
- [ ] 扔 rēng 捨てる
- [ ] 纸箱 zhǐxiāng 段ボール箱
- [ ] 可燃 kěrán 可燃
- [ ] 垃圾 lājī ごみ
- [ ] 燃烧 ránshāo 燃える
- [ ] 资源 zīyuán 資源
- [ ] 一样 yíyàng 同じである
- [ ] 牛奶 niúnǎi 牛乳
- [ ] ～袋 dài ～袋
- [ ] 什么的 shénmede など

- [ ] 担心 dānxīn 心配する
- [ ] 分 fēn 見分ける
- [ ] 清楚 qīngchu はっきりする
- [ ] 种类 zhǒnglèi 種類
- [ ] 当然 dāngrán もちろん
- [ ] 还是 háishi 依然として ——日記
- [ ] 记住 jìzhù しっかり覚える
- [ ] 每个～ měige 各～
- [ ] 分类 fēnlèi 分類、分類する
- [ ] 方法 fāngfǎ 方法
- [ ] 只有～才… zhǐyǒu ～ cái…
     ～してこそ…
- [ ] 适应 shìyìng 適応する

要 点

1 「不定」の意味を表す疑問詞

中国語の疑問詞はそのままで「なにか」、「どこか」、「いくつか」のような「不定」の意味を表すことができます。

1. 大家 有 什么 问题 吗?
   Dàjiā yǒu shénme wèntí ma?

2. 我 在 哪儿 见过 她。
   Wǒ zài nǎr jiànguo tā.

3. 他 生病 了，在 家 休息了 几 天。　　生病：病気になる
   Tā shēngbìng le, zài jiā xiūxile jǐ tiān.

2 "只都" ＋動詞＋疑問詞

"都"は疑問詞疑問文に使われ、質問の回答を具体的に求める役割を果たします。

1. 桌子上 都 有 什么?
   Zhuōzishang dōu yǒu shénme?

2. 你 在 商场 都 买了 什么?
   Nǐ zài shāngchǎng dōu mǎile shénme?

3. 你 去过 中国? 都 去过 哪些 城市?　　哪些：どの (複数)　城市：町、都市
   Nǐ qùguo Zhōngguó? Dōu qùguo nǎxiē chéngshì?

❸ 可能補語

可能補語は「動詞＋得 de ＋補語」、「動詞＋不 bu ＋補語」のように、"得 de"、"不 bu" が動詞と補語の間に割り込む形式で、結果などが実現できる・できないことを表します。

動詞＋結果 / 方向補語	＜可能＞	＜不可能＞
分　清楚 （はっきり見分ける）	分　得　清楚 （はっきり見分けられる）	分　不　清楚 （はっきり見分けられない）
记　住 （しっかり覚える）	记　得　住 （しっかり覚えられる）	记　不　住 （しっかり覚えられない）
回　来 （帰ってくる）	回　得　来 （帰ってくることができる）	回　不　来 （帰ってくることができない）
进　去 （入っていく）	进　得　去 （入っていくことができる）	进　不　去 （入っていくことができない）

6

---

1. 老师 说 的 汉语，你 听得懂 吗?
   Lǎoshī shuō de Hànyǔ, nǐ tīngdedǒng ma?

2. 这 件 衣服 太 脏 了，洗不干净。　　　脏: 汚い
   Zhè jiàn yīfu tài zāng le, xǐbugānjìng.

3. 他 买到 机票 了，今天 回得来。
   Tā mǎidào jīpiào le, jīntiān huídelái.

---

❹ 只有～才…　～してこそ…、ただ～だけが…

「"只有 zhǐyǒu" ＋動詞フレーズ・主述文」は「～してこそ…」を表し、「"只有" ＋名詞など」は「ただ～だけが…」を表します。後節に "才 cái" を呼応させることが多いです。

---

1. 只有 每天 运动，才 不会 生病。
   Zhǐyǒu měitiān yùndòng, cái bú huì shēngbìng.

2. 只有 好好儿 学习，才 能 取得 好 成绩。　　取得: 得る　成绩: 成績
   Zhǐyǒu hǎohāor xuéxí, cái néng qǔdé hǎo chéngjì.

3. 她 工作 很 忙，只有 星期天 才 休息。
   Tā gōngzuò hěn máng, zhǐyǒu xīngqītiān cái xiūxi.

王 好 的 日记
Wáng Hǎo de rì jì

_____年____月____日 星期 ____
nián　　yuè　　rì xīngqī

♪
25

我 来 日本 快 一 年 了。不过，我 还是 记不住 垃圾 的 种类。
Wǒ lái Rìběn kuài yì nián le. Búguò, wǒ háishi jìbuzhù lājī de zhǒnglèi.

我 以为 纸箱 是 可燃 垃圾。但是 田中 告诉 我，纸箱 是 资源 垃圾，
Wǒ yǐwéi zhǐxiāng shì kěrán lājī. Dànshì Tiánzhōng gàosu wǒ, zhǐxiāng shì zīyuán lājī,

不 应该 今天 扔。每个 地方 垃圾 分类 的 方法 不 太 一样。只有 入乡随俗，
bù yīnggāi jīntiān rēng. Měige dìfang lājī fēnlèi de fāngfǎ bú tài yíyàng. Zhǐyǒu rùxiāng-suísú,

才 能 更 好 地 适应 这儿 的 生活。
cái néng gèng hǎo de shìyìng zhèr de shēnghuó.

To be continued…

◆ 本文の内容をもとに、質問に答えましょう。

1. 田中 为什么 生气?
Tiánzhōng wèishénme shēngqì?

_____

2. 纸箱 是 什么 垃圾?
Zhǐxiāng shì shénme lājī?

_____

3. 大卫 都 买了 什么?
Dàwèi dōu mǎile shénme?

_____

4. 大卫 分得清楚 垃圾 的 种类 吗?
Dàwèi fēndeqīngchu lājī de zhǒnglèi ma?

_____

練 習

A 次のピンインを漢字に直して、日本語に訳しましょう。

1. Shéi jìngrán rēngle ge zhǐxiāng.　　　(　　　　　　　　　　　　　　)

　　_____

2. Nǐ mǎi zhème duō lājīdài, yòngdewán ma?　(　　　　　　　　　　　　)

　　_____

3. Wǒ háishi jìbuzhù lājī de zhǒnglèi.　　　(　　　　　　　　　　　　)

　　_____

B 下記の日本語の意味になるように、与えられた中国語を並べ替えましょう。

1. あなたはどんなところに行ったことがありますか。
（过　你　什么　去　地方　都）

2. 私は家で雑誌を読むことや音楽を聴くことなどが好きです。
（听音乐　看杂志　在家　什么的　我　喜欢）

C 次の文を中国語に翻訳しましょう。

1. 私たちはいつか中国料理を食べに行きましょう。

2. 毎日復習してこそ、しっかり覚えられます。

3. 私は鍵を持っていないので入れません。

D 音声を聞いて、下線部の空欄を埋めましょう。

1. 杂志 ___ 纸箱 ___ ___ 是 ___ ___ 垃圾。

2. 大卫，你 ___ ___ ___ ___ 垃圾 的 ___ ___ 吗?

3. ___ ___ 地方 垃圾 ___ ___ 的 方法 不太 ___ ___ 。___ ___ ___ ___

　　___ ___ ，___ 能 更好地 ___ ___ 这儿 的 生活。

● 学生寮での田中さんと王好さんの会話です。

♪
27

田中： 天气 越来越 冷 了。很 久 没有 泡 温泉 了。
　　　 Tiānqì　yuèláiyuè lěng le.　Hěn jiǔ méiyou pào wēnquán le.

王好： 我 还 没有 泡过 温泉，只 在 电视、杂志上 看过。
　　　 Wǒ　hái méiyou pàoguo wēnquán，zhǐ zài diànshì、zázhìshang kànguo.

田中： 这个 周末 一起 去 吧。
　　　 Zhège zhōumò　yìqǐ　qù　ba.

王好： 好 啊。泡 温泉 的 时候，应该 注意 什么?
　　　 Hǎo a.　Pào wēnquán de shíhou，yīnggāi zhùyì shénme?

田中： 不要 把 毛巾 放进 温泉里。
　　　 Búyào bǎ máojīn fàngjin wēnquánli.

● 温泉の休憩所での会話です。

田中： 王 好，你 觉得 泡 温泉 怎么样?
　　　 Wáng Hǎo，　nǐ　juéde pào wēnquán zěnmeyàng?

王好： 水 太 烫 了。
　　　 Shuǐ tài tàng le.

田中： 你 可以 先 泡 一会儿，然后 上来 休息 一下，
　　　 Nǐ　kěyǐ xiān pào　yíhuìr，　ránhòu shànglai xiūxi　yíxià，

　　　 再 下去 泡。 这样，就 不 会 觉得 太 烫。
　　　 zài xiàqu pào.　Zhèyàng，jiù bú huì juéde tài tàng.

王好：下次 我 试试。我们 去 那边 休息 一下 吧。
　　　Xiàcì wǒ shìshi.　Wǒmen qù nàbiān xiūxi yíxià ba.

田中：行。你 一定 渴 了 吧? 我们 顺便 去 买 瓶 饮料。
　　　Xíng. Nǐ yídìng kě le ba?　Wǒmen shùnbiàn qù mǎi píng yǐnliào.

王好：好 的。糟糕! 钱包 被 我 忘在 宿舍里 了。
　　　Hǎo de.　Zāogāo!　Qiánbāo bèi wǒ wàngzài sùshèli le.

田中：没 事儿。我 带 钱包 来 了。我 请 你 喝。
　　　Méi shìr.　Wǒ dài qiánbāo lái le.　Wǒ qǐng nǐ hē.

7

生词 shēngcí

♪
28

□ 泡 pào 浸かる	□ 下次 xiàcì 次回
□ 温泉 wēnquán 温泉	□ 那边 nàbiān あそこ、あちら
□ 越来越 yuèláiyuè ますます	□ 一定 yídìng きっと
□ 久 jiǔ 久しい	□ 顺便 shùnbiàn ついでに
□ 周末 zhōumò 週末	□ 饮料 yǐnliào 飲み物
□ 注意 zhùyì 注意する	□ 糟糕 zāogāo まずい
□ 毛巾 máojīn タオル	□ 被 bèi 〜に（〜される）
□ 放 fàng 入れる	□ 没事儿 méishìr 大丈夫だ
□ 水 shuǐ 水、湯	□ 带 dài 携帯する
□ 烫 tàng 熱い、やけどする	□ 请 qǐng ごちそうする
□ 一会儿 yíhuìr 少しの間	□ 温 wēn なまぬるい ── 日記 ↓
□ 这样 zhèyàng こういうふうにする	□ 那么 nàme そんなに、あんなに

---

❶ 越来越 / 越～越…　ますます／～ば～ほど、…になる

この2つの文型は時間の流れや事態の推移につれて物事の程度が深まっていくことを表します。"越～越…" は2つの主語を用いることができます。

（1）"越来越" ＋形容詞 / 動詞（ますます～になる）

> 1. 我 的 电脑 越来越 慢 了。
> 　Wǒ de diànnǎo yuèláiyuè màn le.
>
> 2. 妹妹 越来越 喜欢 学 汉语 了。
> 　Mèimei yuèláiyuè xǐhuan xué Hànyǔ le.

（2）"越～越…"（～すれば～するほど、…になる）

> 3. 他 的 英语 越 说 越 好。
> 　Tā de Yīngyǔ yuè shuō yuè hǎo.
>
> 4. 经济 越 好，旅游 的 人 越 多。　经济：経済
> 　Jīngjì yuè hǎo, lǚyóu de rén yuè duō.

---

❷ 時間量＋"没有"＋動詞＋了　～していない

この文型は「（それだけの時間）〜していない」という意味を表します。

> 1. 他 一 个 星期 没有 回 宿舍 了。
> 　Tā yí ge xīngqī méiyou huí sùshè le.
>
> 2. 他 生病 了，两 天 没有 去 学校 了。
> 　Tā shēngbìng le, liǎng tiān méiyou qù xuéxiào le.
>
> 3. 我 很久 没有 回国 了，非常 想家。　想家：ホームシックになる
> 　Wǒ hěn jiǔ méiyou huíguó le, fēicháng xiǎng jiā.

❸ 副詞 "一定" きっと

"一定 yídìng" は「きっと、絶対に」という意味を表します。可能性を表す "会〜（的）"（〜はずだ）とよく一緒に使われます。

1. 这 本 书 很 有 意思，你 一定 会 喜欢 的。
   Zhè běn shū hěn yǒu yìsi, nǐ yídìng huì xǐhuan de.

2. 北京 很 漂亮，我 一定 会 再 去 旅游 的。
   Běijīng hěn piàoliang, wǒ yídìng huì zài qù lǚyóu de.

3. 晚上 吃 这么 多 甜点，一定 对 身体 不 好。
   Wǎnshang chī zhème duō tiándiǎn, yídìng duì shēntǐ bù hǎo.

❹ 受身構文（A 被 B ＋動詞＋付加成分） A は B に〜される

中国語の受身文は好ましくない場合に使われることが多いです。動詞の後には "了" や結果補語、方向補語などの付加成分が必要です。副詞や否定詞などは "被" の前に置かれます。また例 3 のように、動作主の B が省略されることもあります。

1. 爸爸 的 电脑 被 弟弟 弄坏 了。   弄坏: 壊す
   Bàba de diànnǎo bèi dìdi nònghuài le.

2. 我 的 名字 常常 被 人 写错。
   Wǒ de míngzi chángcháng bèi rén xiěcuò.

3. 我 的 自行车 被 偷 了。   偷: 盗む
   Wǒ de zìxíngchē bèi tōu le.

7

王 好 的 日记
Wáng Hǎo de rì jì

_____年____月____日 星期 _____
　　　　nián　yuè　rì xīngqī

♪
29
今天， 田中 约 我 去 泡 温泉。 日本 的 温泉 很 有名。这 是
Jīntiān, Tiánzhōng yuē wǒ qù pào wēnquán. Rìběn de wēnquán hěn yǒumíng. Zhè shì

我 第一次 泡 温泉。 我 以为 温泉 的 水 很 "温"， 没 想到 那么 烫。
wǒ dì-yī cì pào wēnquán. Wǒ yǐwéi wēnquán de shuǐ hěn "wēn", méi xiǎngdào nàme tàng.

所以， 我 只 泡 了 一会儿。泡 完 温泉，我们 去 买 饮料 喝。因为 我 忘 带
Suǒyǐ, wǒ zhǐ pàole yíhuìr. Pàowán wēnquán, wǒmen qù mǎi yǐnliào hē. Yīnwèi wǒ wàng dài

钱包 了， 田中 请 我 喝 了 瓶 饮料。
qiánbāo le, Tiánzhōng qǐng wǒ hēle píng yǐnliào.

To be continued…

◆ 本文の内容をもとに、質問に答えましょう。

1. 王 好 以前 泡过 温泉 吗?
　 Wáng Hǎo yǐqián pàoguo wēnquán ma?

_____

2. 泡 温泉 的 时候，应该 注意 什么?
　 Pào wēnquán de shíhou, yīnggāi zhùyì shénme?

_____

3. 泡 温泉 的 时候，要是 觉得 烫，可以 怎么 做?
　 Pào wēnquán de shíhou, yàoshi juéde tàng, kěyǐ zěnme zuò?

_____

4. 王 好 和 田中 泡完 温泉 以后，去 做 什么 了?
　 Wáng Hǎo hé Tiánzhōng pàowán wēnquán yǐhòu, qù zuò shénme le?

_____

練習

A 次のピンインを漢字に直して、日本語に訳しましょう。

1. Wǒ hěn jiǔ méiyou pào wēnquán le.　　　（　　　　　　　　　　　　　　）

　　_____

2. Búyào bǎ máojīn fàngjin wēnquánli.　　　（　　　　　　　　　　　　　　）

　　_____

3. Nǐ yídìng kě le ba? Qù mǎi píng yǐnliào ba.　（　　　　　　　　　　　　　）

　　_____

B 下記の日本語の意味になるように、与えられた中国語を並べ替えましょう。

1. 日本へ留学する中国人学生がますます多くなりました。
（留学　越来越　中国学生　多　来日本　的　了）

2. 田中さんが作った料理は彼に全部食べられました。
（完了　田中　都　被　吃　做的菜　他）

C 次の文を中国語に翻訳しましょう。

1. 今日はこんなに寒いので、きっと雪が降るでしょう。

2. 私は名前をよく書き間違えられます。

3. 私は長い間英語の小説を読んでいません。

D 音声を聞いて、下線部の空欄を埋めましょう。

30

1. 我 ___ 没有 泡 ___ 温泉, ___ 在 ___ ___、___ ___ 上 看过。

2. 你 可以 先 ___ ___ ___ ___, 然后 ___ ___ 休息 ___ ___, 再 ___
___ ___。

3. ___ ___! 钱包 ___ 我 ___ ___ 宿舍里了。

第八课　理想
Lǐ xiǎng

● 教室で王好さん、山本さん、デビットさんが話しています。

♪
31

王好： 山本，最近 你 的 汉语 进步 得 真 快。
　　　Shānběn, zuìjìn　nǐ　de　Hànyǔ　jìnbùde　zhēn kuài.

山本： 大卫 的 汉语 比 我 厉害得多。
　　　Dàwèi　de　Hànyǔ　bǐ　wǒ　lìhaideduō.

大卫： 我 还 得 继续 努力。
　　　Wǒ hái děi　jìxù　nǔlì.

山本： 我 不 知道 怎么 练习 发音。
　　　Wǒ bù　zhīdào zěnme liànxí　fāyīn.

大卫： 你 可以 多 结交 中国 朋友，多 向　中国　同学 请教。
　　　Nǐ　kěyǐ　duō jiéjiāo Zhōngguó péngyou, duō xiàng Zhōngguó tóngxué qǐngjiào.

田中： 听 老师 说，明天 的 汉语 课，中国　同学 来 和 我们 交流。
　　　Tīng lǎoshī shuō, míngtiān de　Hànyǔ kè,　Zhōngguó tóngxué lái　hé　wǒmen jiāoliú.

山本： 太 好 了！
　　　Tài hǎo　le!

王好： 其实，我 就 是 明天 去 你们 班 的 中国 同学。
　　　Qíshí,　wǒ jiù shì míngtiān qù　nǐmen bān de Zhōngguó tóngxué.

● 翌日の中国語の授業での会話です。

王好： 今天 老师 让 你们 讨论 理想。谁 先 说？
　　　Jīntiān lǎoshī ràng　nǐmen tǎolùn　lǐxiǎng. Shéi xiān shuō?

大卫： 我 先 说！ 我 的 理想 是 当 律师。
　　　Wǒ xiān shuō!　Wǒ de　lǐxiǎng shì dāng　lǜshī.

田中： 你 不是 想 当 老师 吗？
　　　Nǐ　búshì xiǎng dāng lǎoshī　ma?

大卫：我 除了 想 当 老师，对 法律 工作 也 感 兴趣。
Wǒ chúle xiǎng dāng lǎoshī, duì fǎlǜ gōngzuò yě gǎn xìngqù.

山本：我 将来 想 从事 翻译 工作。
Wǒ jiānglái xiǎng cóngshì fānyì gōngzuò.

田中：我 的 梦想 是 当 导游。又 可以 旅游，又 可以 了解 外国 文化。
Wǒ de mèngxiǎng shì dāng dǎoyóu. Yòu kěyǐ lǚyóu, yòu kěyǐ liǎojiě wàiguó wénhuà.

王好：那 要是 想 实现 理想，应该 怎么 做？
Nà yàoshi xiǎng shíxiàn lǐxiǎng, yīnggāi zěnme zuò?

山本：只要 努力，就 能 梦想 成真。
Zhǐyào nǔlì, jiù néng mèngxiǎng-chéngzhēn.

生词 shēngcí

- 理想 lǐxiǎng 理想、夢
- 进步 jìnbù 進歩する
- 继续 jìxù 続ける
- 努力 nǔlì 努力する
- 练习 liànxí 練習する
- 发音 fāyīn 発音
- 结交 jiéjiāo 付き合う
- 向 xiàng ～に
- 请教 qǐngjiào 教えをこう、教えてもらう
- 听说 tīngshuō 話によると～だそうだ、耳にする
- 交流 jiāoliú 交流する
- 就 jiù ほかでもなく
- 班 bān クラス
- 讨论 tǎolùn 討論する
- 律师 lǜshī 弁護士

- 对～感兴趣 duì…gǎn xìngqù ～に興味を持つ
- 法律 fǎlǜ 法律
- 将来 jiānglái 将来
- 从事 cóngshì 従事する
- 梦想 mèngxiǎng 夢
- 导游 dǎoyóu ガイド
- 了解 liǎojiě 広く知る
- 文化 wénhuà 文化
- 实现 shíxiàn 実現する
- 只要～就… zhǐyào ～ jiù… ～しさえすれば…
- 梦想成真 mèngxiǎng-chéngzhēn 夢がかなう
- 同 tóng 同じである
- 自己 zìjǐ 自分
- 难～ nán… ～しにくい
- 决定 juédìng 決める

日記

32

8

要点

1 前置詞 "向" 〜に

"向 xiàng" は動作の向かう相手を導き出す役割です。"学习 xuéxí"（見習う）、"借 jiè"（借りる）、"道歉 dàoqiàn"（謝る）などの動詞と一緒に使われます。

1. 他 工作 很 认真, 我 要 向 他 学习。
   Tā gōngzuò hěn rènzhēn, wǒ yào xiàng tā xuéxí.

2. 我 向 英语 老师 借了 一 本 书。
   Wǒ xiàng Yīngyǔ lǎoshī jièle yì běn shū.

3. 我 错 了, 向 您 道歉。实在 对不起。　　道歉: 謝る　実在: 本当に
   Wǒ cuò le, xiàng nín dàoqiàn. Shízài duìbuqǐ.

2 "听说" 耳にする／話によると〜だそうだ

"听说 tīngshuō" には「耳にする」を表す動詞の用法もあれば、「聞くところによると、〜だそうだ」の意味を表す用法もあります。また、"听" と "说" の間に情報の出どころを示すこともできます。

1. 你 听说过 这 件 事儿 吗?　　件: 事柄などの量詞
   Nǐ tīngshuōguo zhè jiàn shìr ma?

2. 听说 中国 春节 很 热闹。　　热闹: にぎやかだ
   Tīngshuō Zhōngguó Chūnjié hěn rènao.

3. 听 天气 预报 说, 明天 下 雪。　　预报: 予報
   Tīng tiānqì yùbào shuō, míngtiān xià xuě.

③ 副詞"就" ほかでもなく、とっくに

（1）ほかでもなく；まさしく

1. 别 找 了。你 的 铅笔 就 在 这儿。
   Bié zhǎo le.　Nǐ　de　qiānbǐ jiù zài　zhèr.

2. 到 了。这 就 是 你们 今天 住 的 酒店。　酒店：ホテル
   Dào le.　Zhè jiù　shì nǐmen　jīntiān zhù　de jiǔdiàn.

（2）とっくに、すでに、もう

3. 十 点 上课，他 七 点 就 到 学校 了。
   Shí diǎn shàngkè,　tā　qī diǎn jiù　dào xuéxiào le.

4. 她 三 岁 就 学 钢琴 了。
   Tā sān　suì jiù　xué gāngqín le.

④ 只要〜就…　〜しさえすれば…

この文型では、"只要〜"の部分が十分条件を示します。この条件さえ満たすことができれば、"就…"の部分の結果になります。"就"は後文で主語の前に置かないこと。

1. 只要 你 陪 我 去，我 就 去。　陪：付き添う
   Zhǐyào nǐ　péi wǒ qù,　wǒ jiù　qù.

2. 你 只要 吃了 这个 药，感冒 就 会 好 的。　感冒：風邪
   Nǐ　zhǐyào chīle　zhège　yào,　gǎnmào jiù　huì　hǎo de.

3. 只要 还了 这 两 本 书，你 就 可以 再 借。　还：返す
   Zhǐyào huánle　zhè liǎng běn shū,　nǐ　jiù　kěyǐ　zài　jiè.

8

王好的日记
Wáng Hǎo de rì jì

_____年_____月_____日 星期_____
nián　　 yuè　　 rì xīngqī

♪
33
今天 我 去 和 学 汉语 的 同学 交流。我 和 他们 讨论 将来 的 理想。
Jīntiān wǒ qù hé xué Hànyǔ de tóngxué jiāoliú. Wǒ hé tāmen tǎolùn jiānglái de lǐxiǎng.

虽然 大家 在 同 一 个 大学 学习，但是 梦想 都 不 一样。山本 对 翻译
Suīrán dàjiā zài tóng yí ge dàxué xuéxí, dànshì mèngxiǎng dōu bù yíyàng. Shānběn duì fānyì

工作 很 感 兴趣。田中 希望 毕业 以后 能 从事 导游 工作。大卫 又 想
gōngzuò hěn gǎn xìngqù. Tiánzhōng xīwàng bìyè yǐhòu néng cóngshì dǎoyóu gōngzuò. Dàwèi yòu xiǎng

当 律师 又 想 当 老师。我 自己 呢? 很 难 决定。
dāng lǜshī yòu xiǎng dāng lǎoshī. Wǒ zìjǐ ne? Hěn nán juédìng.

To be continued…

◆ 本文の内容をもとに、質問に答えましょう。

1. 山本 的 汉语 最近 怎么样?
　 Shānběn de Hànyǔ zuìjìn zěnmeyàng?

_____

2. 应该 怎么 练习 汉语 发音?
　 Yīnggāi zěnme liànxí Hànyǔ fāyīn?

_____

3. 大卫、田中 和 山本 对 什么 工作 感 兴趣?
　 Dàwèi、Tiánzhōng hé Shānběn duì shénme gōngzuò gǎn xìngqù?

_____

4. 要是 想 实现 理想，应该 怎么 做?
　 Yàoshi xiǎng shíxiàn lǐxiǎng, yīnggāi zěnme zuò?

_____

A 次のピンインを漢字に直して、日本語に訳しましょう。

1. Zuìjìn nǐ de Hànyǔ jìnbùde zhēn kuài.　（　　　　　　　　　　　）

_____

2. Jīntiān lǎoshī ràng nǐmen tǎolùn lǐxiǎng.　（　　　　　　　　　　　）

_____

3. Wǒ jiānglái xiǎng cóngshì fānyì gōngzuò.　（　　　　　　　　　　　）

_____

B 下記の日本語の意味になるように、与えられた中国語を並べ替えましょう。

1. 私たちは彼女を見習うべきです。
（我们　向　学习　应该　她）

2. 毎日勉強すれば、上達できます。
（能　学习　只要　进步　每天　就）

C 次の文を中国語に翻訳しましょう。

1. あした雨さえ降らなければ、私たちはジョギングしに行けます。

2. あなたは間違っています。皆さんに謝るべきです。

3. 話によると、明日は今日より暑いそうです。

D 音声を聞いて、下線部の空欄を埋めましょう。

34

1. 你___ ___ 多___ ___ 中国朋友，多___ 中国 同学 ___ ___。

2. 我___ ___ 想 ___ 老师，对 法律 工作 ___ ___ ___ ___。

3. 那___ ___ 想___ ___ 理想，___ ___ ___ ___ 做?

8

我怎么也睡不着 私はどうしても眠れません

Wǒ zěn me yě shuì bu zháo

● TOEIC 前日の夜、王好さんはなかなか眠れません。

♪
35

王好：田中，我 怎么 也 睡不着。

　　　Tiánzhōng, wǒ zěnme yě shuìbuzháo.

田中：怎么 了？ 哪儿 不 舒服 吗？

　　　Zěnme le? Nǎr bù shūfu ma?

王好：明天 就 要 考 托业 了，我 一 紧张 就 睡不着。

　　　Míngtiān jiù yào kǎo Tuōyè le, wǒ yì jǐnzhāng jiù shuìbuzháo.

田中：要是 喝 杯 牛奶，就 能 睡得着。

　　　Yàoshi hē bēi niúnǎi, jiù néng shuìdezháo.

王好：我 怕 上 厕所，不 敢 喝 东西。

　　　Wǒ pà shàng cèsuǒ, bù gǎn hē dōngxi.

田中：听说 要是 睡不着，数羊 好像 挺 有用。你 试试 看。

　　　Tīngshuō yàoshi shuìbuzháo, shǔ yáng hǎoxiàng tǐng yǒuyòng. Nǐ shìshi kàn.

王好：好的。把 你 吵醒，真 不 好意思。

　　　Hǎode. Bǎ nǐ chǎoxǐng, zhēn bù hǎoyìsi.

田中：没 关系，我们 应该 互相 帮助。

　　　Méi guānxi, wǒmen yīnggāi hùxiāng bāngzhù.

王好：一 只 羊，两 只 羊，三 只 羊……

　　　Yì zhī yáng, liǎng zhī yáng, sān zhī yáng……

● 翌日の試験後の会話です。

田中：王 好，今天 的 托业 考得 怎么样？

　　　Wáng Hǎo, jīntiān de Tuōyè kǎode zěnmeyàng?

王好： 我 有 一 道 听力 题 怎么 都 听不懂。
Wǒ yǒu yí dào tīnglì tí zěnme dōu tīngbudǒng.

田中： 你 大 一 就 考 托业。很 多 同学 大 三、大 四 才 考。
Nǐ dà yī jiù kǎo Tuōyè. Hěn duō tóngxué dà sān、dà sì cái kǎo.

王好： 昨天 晚上 谢谢 你。数 羊 真 有用，我 一 数 就 睡着 了。
Zuótiān wǎnshang xièxie nǐ. Shǔ yáng zhēn yǒuyòng, wǒ yì shǔ jiù shuìzháo le.

田中： 可是，你 睡着 以后，我 怎么 数 也 睡不着 了。
Kěshì, nǐ shuìzháo yǐhòu, wǒ zěnme shǔ yě shuìbuzháo le.

生词 shēngcí

- [ ] 睡着 shuìzháo 寝つく
- [ ] 舒服 shūfu 体調がよい
- [ ] 考 kǎo 試験を受ける
- [ ] 托业 Tuōyè TOEIC
- [ ] 一〜就… yī 〜 jiù… 〜すると、すぐ…
- [ ] 怕 pà 心配する、恐れる
- [ ] 上 shàng 行く
- [ ] 厕所 cèsuǒ トイレ
- [ ] 敢 gǎn 〜する勇気がある
- [ ] 数 shǔ 数える
- [ ] 羊 yáng 羊
- [ ] 好像 hǎoxiàng 〜のようである
- [ ] 有用 yǒuyòng 役に立つ

- [ ] 〜看 …kàn 〜してみる
- [ ] 吵 chǎo 騒がしくする
- [ ] 醒 xǐng 覚める
- [ ] 不好意思 bù hǎoyìsi ごめんなさい
- [ ] 互相 hùxiāng 互いに
- [ ] 帮助 bāngzhù 助ける
- [ ] 只 zhī 〜匹（動物などの量詞）
- [ ] 道 dào 〜問（問題などの量詞）
- [ ] 听力 tīnglì リスニング
- [ ] 题 tí 問題
- [ ] 才 cái やっと
- [ ] 参加 cānjiā 参加する ── 日記
- [ ] 第二天 dì-èr tiān 次の日
- [ ] 后来 hòulái その後

♪
36

9

要 点

① 疑問詞＋ "也" / "都"　〜でも

副詞の "也 yě" と "都 dōu" は、"怎么也 / 怎么都"（どうしても）、"谁也 / 谁都"（誰でも、誰も）、"什么也 / 什么都"（何でも、何も）のように疑問詞の後に置いて「すべてを包括する」、「例外がない」というような強調の意味を表します。「疑問詞＋ "也"」は否定文にしか使えないが、「疑問詞＋ "都"」は肯定文と否定文のどちらにも使えます。

> 1. 老师 说得 太 快 了，我 怎么 也 听不懂。
> Lǎoshī shuōde tài kuài le, wǒ zěnme yě tīngbudǒng.
>
> 2. 过年 的 时候，哪儿 都 有 很 多 人。　过年：新年を迎える
> Guònián de shíhou, nǎr dōu yǒu hěn duō rén.
>
> 3. 他 什么 爱好 都 没有。　爱好：趣味
> Tā shénme àihào dōu méiyou.

② 一〜就…　〜すると、(すぐ)…

"一〜就…" は二つの動詞文をつなげ、前文の出来事が起きた後、すぐ後文の出来事が起きるという時間的近接関係を表します。

> 1. 今天 早上 我 一 出门 就 下 雨 了。　出门：出かける
> Jīntiān zǎoshang wǒ yì chūmén jiù xià yǔ le.
>
> 2. 那个 笑话，我们 一 听 就 想 笑。　笑话：笑い話
> Nàge xiàohua, wǒmen yì tīng jiù xiǎng xiào.
>
> 3. 田中 一 回 家 就 看 电视。
> Tiánzhōng yì huí jiā jiù kàn diànshì.

❸ A＋"有／没有"＋B＋動詞フレーズ 〜する（ための）〜がある／ない

「A＋"有／没有"＋B」の文型において、Bの修飾語は動詞フレーズの場合，Bの後に置かれることが多いです。

1. 我 有 问题 想 问 老师。
   Wǒ yǒu wèntí xiǎng wèn lǎoshī.

2. 她 把 钱 花完 了，没有 钱 付 房租。　　付: 払う　房租: 家賃
   Tā bǎ qián huāwán le, méiyou qián fù fángzū.

3. 我 最近 太 忙 了，没有 时间 给 你 回信。　回信: 返信する
   Wǒ zuìjìn tài máng le, méiyou shíjiān gěi nǐ huíxìn.

❹ 副詞 "才" やっと

"才"は時間詞などの後ろに用いることにより「時間が遅い／長い」ことを表します。"才"の文では、過去の動作や出来事についても文末に"了"を用いません。

1. 十 点 开始 上课，她 十二 点 才 到 学校。
   Shí diǎn kāishǐ shàngkè, tā shí'èr diǎn cái dào xuéxiào.

2. 他 说得 很 慢，说了 很 长 时间 才 说完。
   Tā shuōde hěn màn, shuōle hěn cháng shíjiān cái shuōwán.

3. 她 五十 岁 才 学 开车。
   Tā wǔshí suì cái xué kāichē.

9

王 好 的 日记
Wáng Hǎo de rì jì

_____年____月____日 星期____
　　　 nián　 yuè　 rì xīngqī

♪
37

今天 我 参加 了 托业 考试。中国 也 有 托业 考试，但是 参加 的 人
Jīntiān wǒ cānjiā le Tuōyè kǎoshì. Zhōngguó yě yǒu Tuōyè kǎoshì, dànshì cānjiā de rén

没有 日本 这么 多。昨天 晚上，我 怎么 也 睡不着。 田中 为了 让 我 不
méiyou Rìběn zhème duō. Zuótiān wǎnshang, wǒ zěnme yě shuìbuzháo. Tiánzhōng wèile ràng wǒ bù

紧张，教 我 "数 羊" 的 方法。这个 方法 真 有用，我 一 数 就 睡着 了。
jǐnzhāng, jiāo wǒ "shǔ yáng" de fāngfǎ. Zhège fāngfǎ zhēn yǒuyòng, wǒ yì shǔ jiù shuìzháo le.

可是 第二 天 田中 对 我 说，后来 她 怎么 数 也 睡不着 了。
Kěshì dì-èr tiān Tiánzhōng duì wǒ shuō, hòulái tā zěnme shǔ yě shuìbuzháo le.

To be continued…

◆ 本文の内容をもとに、質問に答えましょう。

1. 王 好 为什么 睡不着?
　 Wáng Hǎo wèishénme shuìbuzháo?

_____

2. 田中 教 王 好 什么 方法 能 睡着?
　 Tiánzhōng jiāo Wáng Hǎo shénme fāngfǎ néng shuìzháo?

_____

3. 王 好 是 什么 时候 考 托业 的?
　 Wáng Hǎo shì shénme shíhou kǎo Tuōyè de?

_____

4. 田中 昨天 晚上 睡得 怎么样?
　 Tiánzhōng zuótiān wǎnshang shuìde zěnmeyàng?

_____

 練 習

A 次のピンインを漢字に直して、日本語に訳しましょう。

1. Yàoshi hē bēi niúnǎi, jiù néng shuìdezháo.   （ 　　　　　　　　　　　 ）

_____

2. Wǒ pà shàng cèsuǒ, bù gǎn hē dōngxi.   （ 　　　　　　　　　　　 ）

_____

3. Shǔ yáng hěn yǒuyòng, wǒ yì shǔ jiù shuìzháo le.   （ 　　　　　　　　　　　 ）

_____

B 下記の日本語の意味になるように、与えられた中国語を並べ替えましょう。

1. 私はコーヒーを飲むと、夜眠れません。
（喝　睡不着　咖啡　我　晚上　一　就）

2. 私は今日やらなければならない仕事がたくさんあります。
（做　工作　很多　我　有　今天　得）

C 次の文を中国語に翻訳しましょう。

1. 彼女は疲れると感じたら、すぐに温泉に行きます。

2. 彼は四十歳のとき、やっと水泳を習得しました。

3. 私はあなたに話したいことがあります。

D 音声を聞いて、下線部の空欄を埋めましょう。

38

1. 明天 ___ ___ ___ 托业 了，我 ___ 紧张 ___ ___ ___ ___。

2. 我 有 一 ___ ___ ___ 题 怎么 ___ ___ 不 ___。

3. 你 大一 ___ ___ 托业，很 多 同学 大三、大四 ___ ___。

9

61

● 山本さんは大講堂で、田中さん、ダビットさんと会いました。

♪
39

山本：田中、大卫，你们 也 去 看 表演 吗?
　　　Tiánzhōng、Dàwèi,　nǐmen yě qù kàn biǎoyǎn ma?

田中：当然 去。今天 王 好 跳舞。
　　　Dāngrán qù.　Jīntiān Wáng Hǎo tiàowǔ.

大卫：你们 看，到处 摆着 各种 小吃 摊子，真 热闹。
　　　Nǐmen kàn,　dàochù bǎizhe gèzhǒng xiǎochī tānzi,　zhēn rènao.

山本：去 买 点儿 什么 喝 的 吧。
　　　Qù mǎi diǎnr shénme hē de ba.

田中：我们 得 进 礼堂 去 了，不然 来不及 了。
　　　Wǒmen děi jìn lǐtáng qù le,　bùrán láibují le.

● 大講堂の外、ショーが終ったあとの会話です。

山本：表演 太 精彩 了！ 为什么 王 好 跳舞 跳得 那么 棒?
　　　Biǎoyǎn tài jīngcǎi le! Wèishénme Wáng Hǎo tiàowǔ tiàode nàme bàng?

田中：我 听 王 好 说，她 从小 就 开始 学习 舞蹈、钢琴、
　　　Wǒ tīng Wáng Hǎo shuō,　tā cóngxiǎo jiù kāishǐ xuéxí wǔdǎo、 gāngqín、

　　　小提琴、唱歌 什么的。
　　　xiǎotíqín、 chànggē shénmede.

大卫：我 也 听说，在 中国，很 多 家庭 不但 重视 孩子 的 学习，
　　　Wǒ yě tīngshuō,　zài Zhōngguó,　hěn duō jiātíng búdàn zhòngshì háizi de xuéxí,

　　　而且 重视 培养 他们 的 才艺。
　　　érqiě zhòngshì péiyǎng tāmen de cáiyì.

山本：难怪 王 好 这么 多才多艺。

      Nánguài Wáng Hǎo zhème duōcái-duōyì.

大卫：王 好 出来 了。我们 一起 去 买 点儿 什么 小吃 吧。

      Wáng Hǎo chūlai le. Wǒmen yìqǐ qù mǎi diǎnr shénme xiǎochī ba.

生词 shēngcí

☐ 文化节 wénhuàjié 文化祭	☐ 舞蹈 wǔdǎo ダンス
☐ 表演 biǎoyǎn ショー、披露する	☐ 小提琴 xiǎotíqín ヴァイオリン
☐ 跳舞 tiàowǔ 踊る	☐ 家庭 jiātíng 家庭
☐ 到处 dàochù あちこち	☐ 不但～而且… búdàn ～ érqiě…
☐ 摆 bǎi 並べる	～だけでなく、しかも…
☐ 各种 gèzhǒng さまざまな	☐ 重视 zhòngshì 重視する
☐ 小吃 xiǎochī 軽食、おやつ	☐ 孩子 háizi 子ども
☐ 摊子 tānzi 屋台	☐ 培养 péiyǎng 育てる
☐ 礼堂 lǐtáng 講堂	☐ 才艺 cáiyì 才能と技芸
☐ 不然 bùrán そうでなければ	☐ 难怪 nánguài 道理で
☐ 来不及 láibují 間に合わない	☐ 多才多艺 duōcái-duōyì 多芸多才
☐ 精彩 jīngcǎi すばらしい	☐ 马上 mǎshàng すぐに
☐ 从小 cóngxiǎo 小さい時から	☐ 期末 qīmò 期末
	☐ 怎么办 zěnme bàn どうする

日記

40

10

❶ 場所＋動詞＋"着"＋モノ

この文型はモノの存在の有り様を具体的に描く働きです。「～には～が～してある／している」という意味です。すでに学んだ「場所＋有＋モノ」の文型もモノの存在を表しますが、それは単に「ある場所に何かがある／いる」という存在だけを述べる文型です。

> 1. 门口 摆着 很 多 花儿。
>   Ménkǒu bǎizhe hěn duō huār.
>
> 2. 本子上 写着 她 的 名字。
>   Běnzishang xiězhe tā de míngzi.
>
> 3. 墙上 贴着 一 张 地图。　　墙：壁　贴：貼る
>   Qiángshang tiēzhe yì zhāng dìtú.

❷ 接続詞 "不然"　そうでなければ、～

" 不然 " は後節の文頭に用いられ、「そうでなければ」という意味を表します。

> 1. 快 睡 吧，不然 明天 早上 起不来。
>   Kuài shuì ba, bùrán míngtiān zǎoshang qǐbulái.
>
> 2. 我 得 回家 了，不然 妈妈 会 生气 的。
>   Wǒ děi huí jiā le, bùrán māma huì shēngqì de.
>
> 3. 今天 得 把 论文 写完，不然 来不及 了。　　论文：論文
>   Jīntiān děi bǎ lùnwén xiěwán, bùrán láibují le.

❸ "来不及" / "来得及"　間に合わない / 間に合う

1. 开车 要 两 个 小时，现在 只 有 一 个 小时，来不及 了。
   Kāichē yào liǎng ge xiǎoshí, xiànzài zhǐ yǒu yí ge xiǎoshí, láibují le.

2. 坐 电车 只 要 三十 分钟，现在 还 有 一 个 小时，来得及。
   Zuò diànchē zhǐ yào sānshí fēnzhōng, xiànzài hái yǒu yí ge xiǎoshí, láidejí.

3. 要是 现在 出发，来得及 吗?
   Yàoshi xiànzài chūfā, láidejí ma?

❹ 不但～而且…　～だけでなく、しかも～

" 不但 búdàn ～而且 érqiě…" は「～だけでなく、しかも…」という意味を表します。" 而且 " は追加説明の役割であり、前節の " 不但 " を省略して単独の形でも使えます。" 不但 " も " 而且 " も接続詞であるため、後ろに名詞を置くことができます。

1. 我们 大学 不但 大，而且 漂亮。
   Wǒmen dàxué búdàn dà, érqiě piàoliang.

2. 他 不但 会 说 汉语，而且 会 说 英语。
   Tā búdàn huì shuō Hànyǔ, érqiě huì shuō Yīngyǔ.

3. 这个 冰箱 质量 好，而且 价格 便宜。　质量：品質　价格：価格
   Zhège bīngxiāng zhìliàng hǎo, érqiě jiàgé piányi.

10

王 好 的 日记
Wáng Hǎo de rì jì

_____年____月____日 星期 _____
nián yuè rì xīngqī

♪
41

今天 是 我们 大学 的 文化节，学校 到处 摆着 各种 小吃 摊子。
Jīntiān shì wǒmen dàxué de wénhuàjié, xuéxiào dàochù bǎizhe gèzhǒng xiǎochī tānzi.

文化节 的 时候，不但 有 好吃 的，而且 有 精彩 的 表演。 我 表演了
Wénhuàjié de shíhou, búdàn yǒu hǎochī de, érqiě yǒu jīngcǎi de biǎoyǎn. Wǒ biǎoyǎnle

一 个 舞蹈。 田中 他们 都 说，我 跳得 特别 好。我 非常 开心。可是，
yí ge wǔdǎo. Tiánzhōng tāmen dōu shuō, wǒ tiàode tèbié hǎo. Wǒ fēicháng kāixīn. Kěshì,

马上 就 要 期末 考试 了，我 还 没 复习 呢。怎么 办 !?
mǎshàng jiù yào qīmò kǎoshì le, wǒ hái méi fùxí ne. Zěnme bàn !?　　　*To be continued...*

◆ 本文の内容をもとに、質問に答えましょう。

1. 大学 文化节 的 时候 有 什么 活动?
   Dàxué wénhuàjié de shíhou yǒu shénme hóngdòng?

_____

2. 王 好 表演 什么 了?
   Wáng Hǎo biǎoyǎn shénme le?

_____

3. 王 好 表演得 怎么样?
   Wáng Hǎo biǎoyǎnde zěnmeyàng?

_____

4. 王 好 小 时候 学过 什么?
   Wáng Hǎo xiǎo shíhou xuéguo shénme?

_____

A 次のピンインを漢字に直して、日本語に訳しましょう。

1. Dàochù bǎizhe gèzhǒng xiǎochī tānzi.

　　（　　　　　　　　　　　　　　）

　　_____

2. Wǒmen děi jìn lǐtáng qù le.

　　（　　　　　　　　　　　　　　）

　　_____

3. Nánguài Wáng Hǎo zhème duōcái-duōyì.

　　（　　　　　　　　　　　　　　）

　　_____

B 下記の日本語の意味になるように、与えられた中国語を並べ替えましょう。

1. 昼には、たくさんの学生が食堂に座っています。
（食堂里　很多　着　中午　学生　坐）

2. すこし速く歩きましょう。そうでなければ、間に合わなくなります。
（不然　了　走　点儿　来不及　快）

C 次の文を中国語に翻訳しましょう。

1. ショッピングモールの入り口にたくさんの人が立っています。

2. すこしゆっくり話してください。そうでなければ、私は（聞いて）分かりません。

3. 田中さんは買い物が好きなだけでなく、しかも高価なものを買うのが好きです。

D 音声を聞いて、下線部の空欄を埋めましょう。

42

1. 我 ___ 王好___，她 ____ 小 就 ___ ___ 学习 ___ ___ 钢琴、小___ ___、
唱歌 ___ ___ ___。

2. 在 中国，很 多 家庭 ___ ___ 重视 孩子 的 学习，___ ___ 重视 ___ ___
他们 的 ___ ___。

3. 可是，___ ___ ___ ___ 期末 考试 了，我___ ___ 复习 呢。___ ___ ___ !?

10

第十一课　好工作真难找

良い仕事を見つけるのは
むずかしい

Hǎo gōng zuò zhēn nán zhǎo

● 学校で王好さんは久しぶりにデビットさんと会いました。

♪ 43

王好：大卫，好久 没 看到 你 了，你 去 哪儿 了?
Dàwèi, hǎojiǔ méi kàndào nǐ le, nǐ qù nǎr le?

大卫：我 最近 在 找 工作，参加了 两 家 公司 的 面试。
Wǒ zuìjìn zài zhǎo gōngzuò, cānjiāle liǎng jiā gōngsī de miànshì.

王好：面试 怎么样?
Miànshì zěnmeyàng?

大卫：好 工作 真 难 找。
Hǎo gōngzuò zhēn nán zhǎo.

王好：你 无论 专业 课 还是 外语 课，成绩 都 很 好。难道 没有 信心 吗?
Nǐ wúlùn zhuānyè kè háishi wàiyǔ kè, chéngjì dōu hěn hǎo. Nándào méiyou xìnxīn ma?

大卫：我 不 是 没有 信心，而 是 对 那些 工作 都 不 太 满意。
Wǒ bú shì méiyou xìnxīn, ér shì duì nàxiē gōngzuò dōu bú tài mǎnyì.

王好：为什么?
Wèishénme?

大卫：一 家 公司 出差 太 多，另外 一 家 加班 太 多。
Yì jiā gōngsī chūchāi tài duō, lìngwài yì jiā jiābān tài duō.

王好：你 到底 想 找 什么 样 的 工作?
Nǐ dàodǐ xiǎng zhǎo shénme yàng de gōngzuò?

大卫：我 想 找 工资 高、出差 少、加班 少 的 工作。
Wǒ xiǎng zhǎo gōngzī gāo、chūchāi shǎo、jiābān shǎo de gōngzuò.

● 2 週間後の会話です。

大卫：我 找到 工作 了。
Wǒ zhǎodào gōngzuò le.

王好：太 好 了！祝贺 你。这 家 公司 不用 出差 也 不用 加班 吗?
Tài hǎo le! Zhùhè nǐ. Zhè jiā gōngsī búyòng chūchāi yě búyòng jiābān ma?

大卫：不，又 要 出差 又 要 加班。
Bù, yòu yào chūchāi yòu yào jiābān.

王好：奇怪。你 不 是 不 愿意 去 这样 的 公司 吗?
Qíguài. Nǐ bú shì bú yuànyì qù zhèyàng de gōngsī ma?

大卫：我 认为 只要 能 发挥 自己 才能 的 工作，就 是 好 工作。
Wǒ rènwéi zhǐyào néng fāhuī zìjǐ cáinéng de gōngzuò, jiù shì hǎo gōngzuò.

王好：我 非常 同意 你 的 想法。
Wǒ fēicháng tóngyì nǐ de xiǎngfǎ.

生词 shēngcí

♪
44

- □ 好久 hǎojiǔ 長い間
- □ 家 jiā 会社などの量詞
- □ 公司 gōngsī 会社
- □ 面试 miànshì 面接
- □ 无论～都… wúlùn ～ dōu…
  　　　　～にかかわらず…
- □ 专业 zhuānyè 専門
- □ 外语 wàiyǔ 外国語
- □ 难道 nándào まさか
- □ 信心 xìnxīn 自信
- □ 不是～而是… bú shì ～ ér shì…
  　　　　～ではなく、…だ
- □ 那些 nàgxiē あれら、それら
- □ 另外 lìngwài あとの、ほかの

- □ 加班 jiābān 残業する
- □ 到底 dàodǐ いったい
- □ 什么样 shénme yàng どのような
- □ 工资 gōngzī 給料
- □ 祝贺 zhùhè 祝う
- □ 奇怪 qíguài 不思議である
- □ 愿意 yuànyì ～したい
- □ 这样 zhèyàng このような
- □ 认为 rènwéi 考える
- □ 发挥 fāhuī 発揮する
- □ 才能 cáinéng 才能
- □ 同意 tóngyì 同意する
- □ 想法 xiǎngfǎ 考え方

11

 要 点

1 无论～都… ～いかんにかかわらず、…

　"无论 wúlùn" が導く前節においては、疑問詞や "A ＋还是 háishi ＋ B"（A であれ、B であれ）のような表現が必要です。後節では "都 dōu" などが呼応します。また前節と後節は主語が異なっていてもいいです。

1. 无论 什么 茶，我 都 喜欢 喝。
　 Wúlùn shénme chá,　wǒ dōu xǐhuan hē.

2. 无论 她 怎么 说，我 都 不 能 理解。　　理解：理解する
　 Wúlùn tā zěnmen shuō, wǒ dōu bù néng lǐjiě.

3. 无论 小猫 还是 小狗，都 特别 可爱。　　猫：ネコ　狗：イヌ
　 Wúlùn xiǎomāo háishi xiǎogǒu, dōu tèbié kěài.

2 反語文② "难道～吗?" まさか～ではなかろう

　"难道 nándào" は文末の "吗" と呼応して反語文を作ります。

1. 她 说得 很 慢，你 难道 听不懂 吗?
　 Tā shuōde hěn màn, nǐ nándào tīngbudǒng ma?

2. 那么 大 的 新闻，难道 你 没 听说 吗?　　新闻：ニュース
　 Nàmen dà de xīnwén, nándào nǐ méi tīngshuō ma?

3. 他 在 美国 住过，难道 不 会 说 英语 吗?
　 Tā zài Měiguó zhùguo, nándào bú huì shuō Yīngyǔ ma?

❸ 不是～而是… ～ではなく、…だ

1. 东京 迪士尼 不是 在 东京，而是 在 千叶。　　迪士尼: ディズニーランド
   Dōngjīng Díshìní bú shì zài Dōngjīng, ér shì zài Qiānyè.　　千叶: 千葉

2. 我 不是 不 愿意 接 电话，而是 没 听到 电话 铃声。　　铃声: 着信音
   Wǒ bú shì bú yuànyì jiē diànhuà, ér shì méi tīngdào diànhuà língshēng.

3. 我 当 医生 不是 为了 钱，而是 为了 帮助 别人。
   Wǒ dāng yīshēng bú shì wèile qián, ér shì wèile bāngzhù biéren.

❹ 副詞 "到底" いったい

" 到底 dàodǐ " は疑問文に用いられ、回答をとことん追究する語気を表します。

1. 这个 生词 到底 是 什么 意思?
   Zhège shēngcí dàodǐ shì shénme yìsi?

2. 做 这 事儿，到底 有 什么 好处?　　好处: メリット
   Zuò zhè shìr, dàodǐ yǒu shénme hǎochù?

3. 这个 工作 到底 什么 时候 能 完?
   Zhège gōngzuò dàodǐ shénme shíhou néng wán?

11

 日 记

王 好 的 日记
Wáng Hǎo de rì jì

_____年_____月_____日 星期 _____
nián yuè rì xīngqī

♪
45

今天 我 在 学校 遇到 大卫。大卫 告诉 我，他 找到 工作 了。
Jīntiān wǒ zài xuéxiào yùdào Dàwèi. Dàwèi gàosu wǒ, tā zhǎodào gōngzuò le.

为了 找 工作，他 参加了 很 多 次 面试。 大卫 以前 认为，只有
Wèile zhǎo gōngzuò, tā cānjiāle hěn duō cì miànshì. Dàwèi yǐqián rènwéi, zhǐyǒu

"工资 高、出差 少、加班 少" 的 工作 才 是 好 工作。可是，现在
"gōngzī gāo、chūchāi shǎo、jiābān shǎo" de gōngzuò cái shì hǎo gōngzuò. Kěshì, xiànzài

他 认为，只要 能 发挥 才能，就 是 好 工作。
tā rènwéi, zhǐyào néng fāhuī cáinéng, jiù shì hǎo gōngzuò.   _To be continued…_

◆ 本文の内容をもとに、質問に答えましょう。

1. 大卫 最近 在 做 什么？
   Dàwèi zuìjìn zài zuò shénme?

   _____

2. 大卫 以前 想 找 什么 样 的 工作？
   Dàwèi yǐqián xiǎng zhǎo shénme yàng de gōngzuò?

   _____

3. 大卫 找到 的 工作 怎么样？
   Dàwèi zhǎodào de gōngzuò zěnmeyàng?

   _____

4. 大卫 认为 什么 工作 是 好 工作？
   Dàwèi rènwéi shénme gōngzuò shì hǎo gōngzuò?

   _____

A 次のピンインを漢字に直して、日本語に訳しましょう。

1. Wǒ cānjiāle liǎng jiā gōngsī de miànshì. 〔　　　　　　　　　　　　　〕

_____

2. Nǐ dàodǐ xiǎng zhǎo shénme yàng de gōngzuò? 〔　　　　　　　　　　　　　〕

_____

3. Wǒ fēicháng tóngyì nǐ de xiǎngfǎ. 〔　　　　　　　　　　　　　〕

_____

B 下記の日本語の意味になるように、与えられた中国語を並べ替えましょう。

1. 雨が降ろうが、風が吹こうが、彼は遅刻しません。
（他　不迟到　刮风　都　还是　下雨　无论）

2. この辞書は図書館で借りたのではなく、本屋さんで買ったのです。
（买的　借的　而是　这本词典　在书店　不是　在图书馆）

C 次の文を中国語に翻訳しましょう。

1. 私はどう聞いても、聞きとれません。

2. きみはいったい何を言おうとしているのですか。

3. まさか私が聞き違いをしたのではあるまい。

♪ D 音声を聞いて、下線部の空欄を埋めましょう。
46

1. 你 ___ ___ 专业 课 ___ ___ 外语 课，___ ___ ___ 很好，___ ___ 没有 信 心 吗?

2. 我 想 找 ___ ___ 高、___ ___ 少、___ ___ 少 的 工作。

3. 我 认为 ___ ___ 能 ___ ___ 自己 ___ ___ 的 工作，___ 是 好 工作。

Hòu huì yǒu qī

● 空港でみんなでデビットさんを見送ります。

♪ 47

大卫： 要 和 大家 分别 了，我 真 有点儿 难过。
　　　Yào hé dàjiā fēnbié le, wǒ zhēn yǒudiǎnr nánguò.

田中： 大卫，工作 以后，会 很 忙 吧。
　　　Dàwèi, gōngzuò yǐhòu, huì hěn máng ba.

大卫： 即使 忙，我 也 会 和 你们 保持 联系 的。
　　　Jíshǐ máng, wǒ yě huì hé nǐmen bǎochí liánxì de.

王好： 大卫，这 是 我们 送给 你 的 礼物。你 猜猜，是 什么?
　　　Dàwèi, zhè shì wǒmen sònggěi nǐ de lǐwù. Nǐ cāicai, shì shénme?

大卫： 是 吃 的 吧。我 看看。……这么 漂亮 的 领带！我 太 感动 了。
　　　Shì chī de ba. Wǒ kànkan. …Zhème piàoliang de lǐngdài! Wǒ tài gǎndòng le.

● 1時間後の会話です。

田中： 开始 登机 了。好好儿 照顾 自己，多 保重。
　　　Kāishǐ dēngjī le. Hǎohāor zhàogù zìjǐ, duō bǎozhòng.

大卫： 你们 也 多 保重。
　　　Nǐmen yě duō bǎozhòng.

王好： 你 放假 的 时候，可以 回来 玩儿。
　　　Nǐ fàngjià de shíhou, kěyǐ huílai wánr.

大卫： 好的。我们 后会有期。
　　　Hǎode. Wǒmen hòuhuì-yǒuqī.

田中： 我们 一起 拍 张 照 吧。山本，你 的 手机 最 高级，
　　　Wǒmen yìqǐ pāi zhāng zhào ba. Shānběn, nǐ de shǒujī zuì gāojí,

　　　用 你 的 拍 吧。
　　　yòng nǐ de pāi ba.

山本: 行。……糟糕! 我 的 手机 没 电 了。
　　　Xíng. ……Zāogāo! Wǒ de shǒujī méi diàn le.

王好: 那, 用 我 的 拍 吧。
　　　Nà, yòng wǒ de pāi ba.

大家: 一、二、三, 茄子!
　　　Yī、 èr、 sān, qiézi!

生词 shēngcí

♪
48

- [ ] 后会有期 hòuhuì-yǒuqī いつかまた会おう
- [ ] 分别 fēnbié 別れる
- [ ] 难过 nánguò 悲しい
- [ ] 即使～也… jíshǐ…yě… たとえ～でも…
- [ ] 保持 bǎochí 保つ
- [ ] 联系 liánxì 連絡する
- [ ] 猜 cāi （謎などを）当てる
- [ ] 领带 lǐngdài ネクタイ
- [ ] 感动 gǎndòng 感動する
- [ ] 登机 dēngjī 搭乗する
- [ ] 照顾 zhàogù 世話をする
- [ ] 保重 bǎozhòng 体を大事にする
- [ ] 放假 fàngjià 休みになる
- [ ] 拍照 pāizhào 写真を撮る
- [ ] 高级 gāojí 高級である

- [ ] 电 diàn 電気
- [ ] 茄子 qiézi ナス
- [ ] 毕业 bìyè 卒業する
- [ ] 送 sòng 送る
- [ ] 性格 xìnggé 性格
- [ ] 开朗 kāilǎng 朗らかである
- [ ] 开玩笑 kāi wánxiào からかう、冗談を言う
- [ ] 很少 hěnshǎo めったに～ない
- [ ] 最后 zuìhòu 最後
- [ ] 合影 héyǐng 集合写真
- [ ] 只好 zhǐhǎo ～するほかない
- [ ] 准备 zhǔnbèi ～するつもりである
- [ ] 老家 lǎojiā ふるさと
- [ ] 还是 háishi やはり
- [ ] 心情 xīnqíng 気持ち、気分

日記

12

要 点

1 即使…也… たとえ〜でも〜

"即使 jíshǐ……也……" は「たとえ〜でも〜」という仮定関係を表す文型です。主語は "即使" の前後のどちらに置いてもいいですが、必ず "也" の前に置くようにしましょう。

1. 他 即使 很 忙，也 每天 运动。
   Tā jíshǐ hěn máng, yě měitiān yùndòng.

2. 她 即使 很冷，也 不 穿 大衣。
   Tā jíshǐ hěnlěng, yě bù chuān dàyī.

3. 即使 父母 反对，她 也 要 去 留学。　　反对：反対する
   Jíshǐ fùmǔ fǎnduì, tā yě yào qù liúxué.

2 離合詞

離合詞は2音節動詞の1種です。2つの音節の間には時間量、数量を表す補語や、"了" などの助詞が入ります。動詞の後ろには目的語を置くことができません。"给（〜に）"、"和（〜と）" などの前置詞を用いて、目的語を動詞の前に持っていく必要があります。

拍照 pāizhào	写真を撮る	写真を1枚撮る	拍一张照 （拍照一张 ×）
		あなたに写真を撮る	给你拍照 （拍照你 ×）
见面 jiànmiàn	会う	会ったことがある	见过面 （见面过 ×）
		友達と会う	和朋友见面 （见面朋友 ×）
毕业 bìyè	卒業する	大学を卒業する	从大学毕业 （毕业大学 ×）
生气 shēngqì	怒る	私のことを怒る	生我的气 （生气我 ×）

3 副詞 "很少" めったに～しない

"很少 hěnshǎo" は動詞フレーズの前に用いられ、動作行為の頻度が低いことを表します。

1. 我 平常 很少 跑步。
Wǒ píngcháng hěnshǎo pǎobù.

2. 他 对 足球 不 感 兴趣，很少 看 足球 比赛。
Tā duì zúqiú bù gǎn xìngqù, hěnshǎo kàn zúqiú bǐsài.

3. 她 工作 非常 认真，很少 出错。　　出错：間違いを起こす
Tā gōngzuò fēicháng rènzhēn, hěnshǎo chūcuò.

4 副詞 "只好" ～するほかない

副詞の "只好 zhǐhǎo" は「～するほかない」、「やむなく～する」を表します。

1. 大家 都 不 愿意 去，我 只好 一 个 人 去。
Dàjiā dōu bú yuànyì qù, wǒ zhǐhǎo yí ge rén qù.

2. 这 星期 的 票 卖完 了，只好 买 下 星期 的。
Zhè xīngqī de piào màiwán le, zhǐhǎo mǎi xià xīngqī de.

3. 我 的 车 坏 了，只好 坐 地铁。　　坏：壊れる、悪い
Wǒ de chē huài le, zhǐhǎo zuò dìtiě.

12

王 好 的 日记
Wáng Hǎo de rì jì

_____年____月____日 星期 _____
　　　　nián　yuè　 rì xīngqī

♪
49

大卫 毕业 了。他 找到了 理想 的 工作。今天 上午，我们 去 机场
Dàwèi bìyè le. Tā zhǎodàole lǐxiǎng de gōngzuò. Jīntiān shàngwǔ, wǒmen qù jīchǎng

送 他。大卫 的 性格 非常 开朗，即使 开 他 玩笑，也 很少 生气。最后，
sòng tā. Dàwèi de xìnggé fēicháng kāilǎng, jíshǐ kāi tā wánxiào, yě hěnshǎo shēngqì. Zuìhòu,

我们 想 用 山本 的 高级 手机 拍 合影，但是 他 的 手机 竟然 没 电 了，
wǒmen xiǎng yòng Shānběn de gāojí shǒujī pāi héyǐng, dànshì tā de shǒujī jìngrán méi diàn le,

只好 用 我 的 手机 拍了 照。就 要 放假 了，山本 打算 去 中国 旅游，
zhǐhǎo yòng wǒ de shǒujī pāile zhào. Jiù yào fàngjià le, Shānběn dǎsuan qù Zhōngguó lǚyóu,

田中 准备 回 老家。我 有点儿 想 家 了，还是 回国 吧。
Tiánzhōng zhǔnbèi huí lǎojiā. Wǒ yǒudiǎnr xiǎng jiā le, háishi huíguó ba.

◆ 本文の内容をもとに、質問に答えましょう。

1. 要 分别 了，大卫 的 心情 怎么样?
Yào fēnbié le, Dàwèi de xīnqíng zěnmeyàng?

_____

2. 大家 送给 大卫 什么 礼物?
Dàjiā sònggěi Dàwèi shénme lǐwù?

_____

3. 山本 的 手机 怎么 了?
Shānběn de shǒujī zěnme le?

_____

4. 就 要 放假 了，山本、田中、 王 好 有 什么 打算?
Jiù yào fàngjià le, Shānběn、 Tiánzhōng、 Wáng Hǎo yǒu shénme dǎsuan?

_____

A 次のピンインを漢字に直して、日本語に訳しましょう。

1. Yào hé dàjiā fēnbié le, wǒ zhēn yǒudiǎnr nánguò. ( )

_____

2. Zhè shì sònggěi nǐ de lǐwù.Nǐ cāicai, shì shénme? ( )

_____

3. Wǒmen yìqǐ pāi zhāng zhào ba. ( )

_____

B 下記の日本語の意味になるように、与えられた中国語を並べ替えましょう。

1. たとえ忙しくても、彼女は毎日日記を書きます。
（很忙　写日记　她　也　即使　每天）

2. 彼女は普段めったに外食しません。
（她　外边　很少　平常　吃饭　在）

C 次の文を中国語に翻訳しましょう。

1. エレベータには人が多いので、歩いて上がるしかありません。

2. 私は田中さんと1回会ったことがあります。

3. たとえ中国語が難しくても、私は勉強したい。

D 音声を聞いて、下線部の空欄を埋めましょう。

50

1. 开始 ___ ___ 了。好好儿 ___ ___ 自己，多 ___ ___。

2. ___ ___ 忙，我 ___ 会 和 你们 ___ ___ ___ ___ 的。

3.大卫 的 性格 非常 ___ ___，___ ___ ___ 他 ___ ___，也 ___ ___ 生气。

語 彙 索 引

この索引では各課の新出語句をピンイン順に配列しています。[ ]内は品詞の略語であり、その意味は以下のとおりです。右2列は初出の課と場所を示します。

[名] 名詞　　[動] 動詞　　[形] 形容詞　　[代] 代詞　　[量] 量詞　　[副] 副詞
[介] 介詞　　[助] 助詞　　[助動] 助動詞　[接] 接続詞　[数] 数詞
会＝会話文　要＝要点　日＝日記

到处	dàochù	[名]	あちこち	10	会
到底	dàodǐ	[副]	いったい	11	会
地	de	[助]	他の語に付けて動詞の修飾語を作る成分	2	日
登机	dēngjī	[動]	搭乗する	12	会
地道	dìdao	[形]	本場の	3	会
第二天	dì-èr tiān	[名]	次の日	9	日
地方	dìfang	[名]	ところ	1	会
迪士尼	Díshìní	[名]	ディズニーランド	11	要
地铁	dìtiě	[名]	地下鉄	1	要
第一次	dì-yī cì	[名]	初めて	1	日
第一天	dì-yī tiān	[名]	初日	1	日
电	diàn	[名]	電気	12	会
电梯	diàntī	[名]	エレベーター	4	会
冬天	dōngtiān	[名]	冬	3	会
肚子	dùzi	[名]	おなか	3	会
对~感兴趣	duì...gǎn xìngqù		~に興味を持つ	8	会
对了	duìle	[動]	そういえば	2	会
多才多艺	duōcái-duōyì		多芸多才	10	会

E

饿	è	[形]	おなかがすく	3	会

F

发挥	fāhuī	[動]	発揮する	11	会
法律	fǎlǜ	[名]	法律	8	会
发音	fāyīn	[名]	発音	8	会
法语	Fǎyǔ	[名]	フランス語	5	要
翻译	fānyì	[名]	通訳	4	会
		[動]	訳する		
反对	fǎnduì	[動]	反対する	12	要
方法	fāngfǎ	[名]	方法	6	日
房租	fángzū	[名]	家賃	9	要
放	fàng	[動]	置く	2	要
		[動]	入れる	7	会
放假	fàngjià	[動]	休みになる	12	会
放心	fàngxīn	[動]	安心する	5	会
放学	fàngxué	[動]	学校がひける	3	会
分	fēn	[動]	見分ける	6	会
分别	fēnbié	[動]	別れる	12	会
分类	fēnlèi	[動]	分類する	6	日
付	fù	[名]	払う	9	要
复习	fùxí	[動]	復習する	2	要

G

干净	gānjìng	[形]	清潔である	1	日
敢	gǎn	[助動]	~する勇気がある	9	会
感动	gǎndòng	[動]	感動する	12	会
感冒	gǎnmào	[名]	風邪	8	要
感谢	gǎnxiè	[動]	感謝する	1	会
刚	gāng	[副]	~したばかりである	3	会
刚才	gāngcái	[名]	さっき、先ほど	5	会
钢琴	gāngqín	[名]	ピアノ	5	要
高级	gāojí	[形]	高級である	12	会
告诉	gàosu	[接]	告げる、知らせる	2	要
各种	gèzhǒng	[形]	さまざまな	10	会
公司	gōngsī	[名]	会社	11	会
工资	gōngzī	[名]	給料	11	会
狗	gǒu	[名]	イヌ	11	要
刮风	guāfēng	[動]	風が吹く	2	要
逛	guàng	[動]	ぶらつく	3	会
过年	guònián	[動]	新年を迎える	9	要

H

还是	háishi	[副]	依然として	6	日
		[副]	やはり	12	日
孩子	háizi	[名]	子ども	10	会
好处	hǎochù	[名]	メリット	11	要
好好儿	hǎohāor	[副]	よく、ちゃんと	1	会
好几	hǎojǐ	[数]	いくつもの	5	日
好久	hǎojiǔ	[形]	(時間が)長い、長い間	11	会
好久不见	Hǎojiǔ bújiàn		お久しぶりです！	3	会
好像	hǎoxiàng	[動]	~のようである	9	会
合影	héyǐng	[名]	集合写真	12	日
很少	hěnshǎo	[副]	めったに~ない	12	日
红茶	hóngchá	[名]	紅茶	5	会
红色	hóngsè	[名]	赤	4	日
~后	...hòu	[名]	~した後	3	要
后会有期	hòuhuì-yǒuqī		いつかまた会おう	12	会
后来	hòulái	[名]	その後	9	日
互相	hùxiāng	[副]	互いに	9	会
花	huā	[動]	(時間やお金を)費やす	2	要
坏	huài	[形]	壊れる、悪い	12	要

欢迎	huānyíng	[動]	歓迎する	1	会
还	huán	[動]	返す	8	要
还价	huánjià	[動]	値切る	4	会
回信	huíxìn	[動]	返信する	9	要
会	huì	[助動]	～するであろう	4	会
活动	huódong	[名]	活動	4	会

J

机场	jīchǎng	[名]	空港	1	日
鸡蛋	jīdàn	[名]	(ニワトリの) 卵	5	会
即使～也…	jíshǐ~yě...		たとえ～でも…	12	会
寄	jì	[動]	郵送する	2	要
既～又…	jì~yòu...	[接]	～でもあり、		
			～でもある	5	要
继续	jìxù	[動]	続ける	8	会
记住	jìzhù	[動]	しっかり覚える	6	日
家	jiā	[量]	会社などの量詞	11	会
加班	jiābān	[動]	残業する	11	会
家庭	jiātíng	[名]	家庭	10	会
价格	jiàgé	[名]	価格	10	要
假期	jiàqī	[名]	休みの間	3	会
件	jiàn	[量]	事柄などの数え方	8	要
见面	jiànmiàn	[動]	会う	4	会
将来	jiānglái	[名]	将来	8	会
交流	jiāoliú	[動]	交流する	8	会
接	jiē	[動]	出迎える	1	日
结婚	jiéhūn	[動]	結婚する	2	要
结交	jiéjiāo	[動]	付き合う	8	会
借	jiè	[動]	借りる、貸す	2	要
金鱼	jīnyú	[名]	金魚	2	会
紧张	jǐnzhāng	[形]	緊張する	1	日
进步	jìnbù	[動]	進歩する	8	会
精彩	jīngcǎi	[形]	すばらしい	10	会
经济	jīngjì	[名]	経済	7	要
竟然	jìngrán	[副]	なんと	6	会
久	jiǔ	[形]	久しい	7	会
酒店	jiǔdiàn	[名]	ホテル	8	要
就	jiù	[副]	ほかでもなく、		
			とっくに	8	会
觉得	juéde	[動]	感じる、～と思う	1	日
决定	juédìng	[動]	決める	8	日

K

| 开玩笑 | kāi wánxiào | [動] | からかう、冗談を言う | | |
| | | | | 12 | 日 |

开朗	kāilǎng	[形]	朗らかである	12	日
～看	...kàn	[助]	～してみる	9	会
考	kǎo	[動]	試験を受ける	9	会
可燃	kěrán	[形]	可燃	6	会
可是	kěshì	[接]	しかし	2	要
困	kùn	[形]	眠い	2	要

L

垃圾	lājī	[名]	ごみ	6	会
来不及	láibují		間に合わない	10	会
来得及	láidejí		間に合う	11	要
老家	lǎojiā	[名]	ふるさと	12	日
厉害	lìhai	[形]	すごい	3	会
理解	lǐjiě	[動]	理解する	11	要
礼堂	lǐtáng	[名]	講堂	10	会
理想	lǐxiǎng	[名]	理想、夢	8	会
联系	liánxì	[動]	連絡する	12	会
练习	liànxí	[動]	練習する	8	会
聊	liáo	[動]	おしゃべりする	3	会
聊天儿	liáotiānr	[動]	チャットする	2	会
了解	liǎojiě	[動]	広く知る	8	会
邻居	línjū	[名]	隣近所	2	会
铃声	língshēng	[名]	着信音	11	要
领带	lǐngdài	[名]	ネクタイ	12	会
另外	lìngwài	[代]	あとの、ほかの	11	会
龙井茶	lóngjǐngchá	[名]	龍井茶 (銘茶)	5	会
～楼	lóu	[名]	～階、フロア	4	会
论文	lùnwén	[名]	論文	10	要
旅游	lǚyóu	[動]	旅行する	3	会
绿茶	lǜchá	[名]	緑茶	5	会
律师	lùshī	[名]	弁護士	8	会

M

麻烦	máfan	[動]	面倒をかける	4	会
马上	mǎshàng	[副]	すぐに	10	日
卖	mài	[動]	売る	4	会
慢	màn	[形]	ゆっくり	3	要
猫	māo	[名]	ネコ	11	要
毛巾	máojīn	[名]	タオル	7	会
毛衣	máoyī	[名]	セーター	3	会
没事儿	méishìr		大丈夫だ	7	会
没有	méiyou	[動]	達しない	5	要
每个～	měige		各～	6	日
门口	ménkǒu	[名]	出入り口	4	会
梦想	mèngxiǎng	[名]	夢	8	会

梦想成真	mèngxiǎng-chéngzhēn	夢がかなう	8	会
密码	mìmǎ	[名] パスワード	2	会
面试	miànshì	[名] 面接	11	会
明白	míngbai	[動] わかる	1	会
茉莉花茶	mòli huāchá	[名] ジャスミン茶	5	会

N

哪些	nǎxiē	[代] どの（複数）	6	要
那边	nàbiān	[代] あそこ、あちら	7	会
那么	nàme	[代] そんなに、あんなに	7	日
那些	nàxiē	[代] あれら、それら	11	会
难〜	nán...	[形] 〜しにくい	8	日
难道	nándào	[副] まさか	11	会
难怪	nánguài	[副] 道理で	10	会
难过	nánguò	[形] 悲しい	12	会
牛奶	niúnǎi	[名] 牛乳	6	会
弄坏	nònghuài	[動] 壊す	7	要
努力	nǔlì	[動] 努力する	8	会

P

怕	pà	[動] 心配する、恐れる	9	会
拍照	pāizhào	[動] 写真を撮る	12	会
跑步	pǎobù	[動] ジョギングをする	5	会
泡	pào	[動] 浸かる	7	会
陪	péi	[動] 付き添う	8	要
培养	péiyǎng	[動] 育てる	10	会
皮鞋	píxié	[名] 革靴	4	日
平常	píngcháng	[名] ふだん	5	会

Q

期末	qīmò	[名] 期末	10	日
奇怪	qíguài	[形] 不思議である	11	会
其实	qíshí	[副] 実は	5	会
千叶	Qiānyè	[名] 千葉	11	要
〜前	...qián	[名] 〜する前	3	要
墙	qiáng	[名] 壁	10	要
茄子	qiézi	[名] ナス	12	会
清楚	qīngchu	[形] はっきりする	6	会
请	qǐng	[動] ごちそうする	7	会
请教	qǐngjiào	[動] 教えをこう、教えてもらう	8	会
取得	qǔdé	[動] 得る	6	要

R

然后	ránhòu	[接] それから	2	会
燃烧	ránshāo	[動] 燃える	6	会
让	ràng	[介] 〜させる	4	会
热闹	rènao	[形] にぎやかだ	8	要
热情	rèqíng	[形] 親切である	1	日
认识	rènshi	[動] 知り合う	1	会
认为	rènwéi	[動] 考える	11	会
认真	rènzhēn	[形] 真剣である	2	要
扔	rēng	[動] 捨てる	6	会
日记	rìjì	[名] 日記	1	日
入乡随俗	rùxiāng-suísú	郷に入っては郷に従え	6	会
软件	ruǎnjiàn	[名] ソフトウェア	2	会

S

商场	shāngchǎng	[名] ショッピングモール	4	会
上	shàng	[動] 行く	9	会
社团	shètuán	[名] サークル	4	会
什么的	shénmede	[助] など	6	会
什么样	shénmeyàng	[代] どのような	11	会
生病	shēngbìng	[動] 病気になる	6	要
生活	shēnghuó	[名] 生活	1	日
生气	shēngqì	[動] 怒る	2	日
〜时	...shí	[名] 〜する時	3	要
是吗	shìma	そうですか	2	会
时候	shíhou	[名] 時	3	要
实现	shíxiàn	[動] 実現する	8	会
适应	shìyìng	[動] 適応する	6	日
实在	shízài	[副] 本当に	8	要
受欢迎	shòu huānyíng	[形] 受けがよい	5	会
书店	shūdiàn	[名] 本屋	3	要
舒服	shūfu	[形] 体調がよい	9	会
书架	shūjià	[名] 本棚	1	要
熟	shú	[形] よく知っている	3	日
数	shǔ	[動] 数える	9	会
双	shuāng	[量] 靴などの量詞	4	日
水	shuǐ	[名] 水、湯	7	会
睡着	shuìzháo	[動] 寝つく	9	会
顺便	shùnbiàn	[副] ついでに	7	会
顺利	shùnlì	[形] 順調である	1	日
送	sòng	[動] 見送る	12	日
宿舍	sùshè	[名] 寮	1	会

虽然	suīrán	[接] ～ではあるが	2	会

T

摊子	tānzi	[名] 屋台	10	会
弹	tán	[動] 弾く	5	要
讨论	tǎolùn	[動] 討論する	8	会
烫	tàng	[形] 熱い、[動] やけどする	7	会
趟	tàng	[量] ～回（往復する回数の量詞）	3	会
特别	tèbié	[副] 非常に	3	会
题	tí	[名] 問題	9	会
甜点	tiándiǎn	[名] デザート	5	会
天气	tiānqì	[名] 天気	1	要
挑	tiāo	[動] 選ぶ	4	会
条	tiáo	[量] ズボンなどの量詞	4	日
跳舞	tiàowǔ	[動] 踊る	10	会
贴	tiē	[動] 貼る	10	要
挺（…的）	tǐng（…de）	[副] なかなか、とても	2	会
听力	tīnglì	[名] リスニング	9	会
听说	tīngshuō	[動] 話によると～だそうだ、耳にする	8	会
同	tóng	[形] 同じである	8	日
同屋	tóngwū	[名] ルームメート	1	会
同意	tóngyì	[動] 同意する	11	会
偷	tōu	[動] 盗む	7	要
托业	Tuōyè	[名] TOEIC	9	会

W

外语	wàiyǔ	[名] 外国語	11	会
碗	wǎn	[量] ～杯（碗に入った物の量詞）	5	会
晚点	wǎndiǎn	[動] 遅延する	3	要
忘	wàng	[動] 忘れる	4	会
危险	wēixiǎn	[形] 危ない	3	要
微信	Wēixìn	[名] アプリ名（WeChat）	2	会
为了	wèile	[介] ～のために	3	会
温	wēn	[形] なまぬるい	7	日
温泉	wēnquán	[名] 温泉	7	会
文化	wénhuà	[名] 文化	8	会
文化节	wénhuàjié	[名] 文化祭	10	会
问	wèn	[動] 質問する	1	会
舞蹈	wǔdǎo	[名] ダンス	10	会

无论～都…	wúlùn~dōu…	[接] ～にかかわらず…	11	会

X

西红柿	xīhóngshì	[名] トマト	5	会
希望	xīwàng	[動] 願う、望む	1	日
下次	xiàcì	[名] 次回	7	会
先	xiān	[副] まず、先に	2	会
羡慕	xiànmù	[動] うらやむ	3	日
香	xiāng	[形] かおりがよい	5	会
想家	xiǎngjiā	[動] ホームシックになる	7	要
想到	xiǎngdào	[動] 予想する、思いつく	5	会
想法	xiǎngfǎ	[名] 考え方	11	会
向	xiàng	[介] ～に	8	会
小吃	xiǎochī	[名] 軽食、おやつ	10	会
小提琴	xiǎotíqín	[名] ヴァイオリン	10	会
笑话	xiàohua	[名] 笑い話	9	要
心情	xīnqíng	[名] 気持ち、気分	12	日
新闻	xīnwén	[名] ニュース	11	要
信心	xìnxīn	[名] 自信	11	会
行李	xíngli	[名] 荷物	1	会
醒	xǐng	[動] 覚める	9	会
性格	xìnggé	[名] 性格	12	日
雪	xuě	[名] ゆき	3	要

Y

羊	yáng	[名] 羊	9	会
要是	yàoshi	[接] もし	1	会
一～就…	yī~jiù…	[接] ～すると、すぐに…	9	会
一定	yídìng	[副] きっと	7	会
一会儿	yíhuìr	[数] 少しの間	7	会
一样	yíyàng	[形] 同じである	6	会
～以后	…yǐhòu	[名] ～した後	3	会
已经	yǐjīng	[副] もう、すでに	2	会
～以前	…yǐqián	[名] ～する前	3	要
以为	yǐwéi	[動] 思い込む	5	日
一边～一边…	yìbiān~yìbiān…	[副] ～しながら、…する	3	会
因为～所以…	yīnwèi~suǒyǐ…	[接] ～だから、…	1	日
饮料	yǐnliào	[名] 飲み物	7	会

应该	yīnggāi	[助動] 〜すべきである	5	会
用	yòng	[動] 使う	2	会
幽默	yōumò	[形] ユーモラスである	3	日
邮件	yóujiàn	[名] Eメール	2	会
有名	yǒumíng	[形] 有名である	2	会
有用	yǒuyòng	[形] 役に立つ	9	会
又	yòu	[副] また	3	要
又〜又…	yòu~yòu…	[接] 〜でもあり、〜でもある	5	会
愉快	yúkuài	[形] 楽しい	1	日
预报	yùbào	[名] 予報	8	要
遇到	yùdào	[動] 出会う	3	日
愿意	yuànyì	[助動] 〜したい	11	会
约	yuē	[動] 約束する、誘う	4	会
越来越	yuè lái yuè	[副] ますます	7	会
越〜越…	yuè~yuè…	[副] 〜すれば〜するほど、…になる	7	要
运动	yùndòng	[動] スポーツをする		
		[名] スポーツ	5	会

Z

再	zài	[副] それから	2	要
		[副] また	3	要
脏	zāng	[形] 汚い	6	要
糟糕	zāogāo	[形] まずい	7	会
怎么办	zěnme bàn	どうする	10	日
招待	zhāodài	[動] 招待する	2	要
照顾	zhàogù	[動] 世話をする	12	会
这么	zhème	[代] こんなに	4	会
这位	zhèwèi	この方	3	会

这些	zhèxiē	[代] これら	4	会
这样	zhèyàng	[代] こういうふうにする	7	会
		[代] このような	11	会
整理	zhěnglǐ	[動] 整理する	2	会
正好	zhènghǎo	[副] ちょうど	3	会
只	zhī	[量] 〜匹（動物などの量詞）	9	会
只	zhǐ	[副] ただ…だけ	5	会
只好	zhǐhǎo	[副] 〜するほかない	12	日
纸箱	zhǐxiāng	[名] 段ボール箱	6	会
只要〜就…	zhǐyào~jiù…	[接] 〜しさえすれば…	8	会
只有〜才…	zhǐyǒu~cái…	[接] 〜してこそ…	6	日
质量	zhìliàng	[名] 品質	10	要
终于	zhōngyú	[副] やっと	4	会
种类	zhǒnglèi	[名] 種類	6	会
重视	zhòngshì	[動] 重視する	10	会
周末	zhōumò	[名] 週末	7	会
专业	zhuānyè	[名] 専門	11	会
祝贺	zhùhè	[動] 祝う	11	会
注意	zhùyì	[動] 注意する	7	会
准备	zhǔnbèi	[動] 〜するつもりである	12	日
资源	zīyuán	[名] 資源	6	会
自己	zìjǐ	[代] 自分	8	日
最后	zuìhòu	[名] 最後	12	会
做客	zuòkè	[動]（人の家を）訪れる、客となる	5	会

中国語基本音節表

韻母\声母	a	o	e	-i	-i	er	ai	ei	ao	ou	an	en	ang	eng	-ong	i	ia	iao	ie	iou
ゼロ	a	o	e			er	ai	ei	ao	ou	an	en	ang	eng		yi	ya	yao	ye	you
b	ba	bo					bai	bei	bao		ban	ben	bang	beng		bi		biao	bie	
p	pa	po					pai	pei	pao	pou	pan	pen	pang	peng		pi		piao	pie	
m	ma	mo	me				mai	mei	mao	mou	man	men	mang	meng		mi		miao	mie	miu
f	fa	fo						fei		fou	fan	fen	fang	feng						
d	da		de				dai	dei	dao	dou	dan	den	dang	deng	dong	di		diao	die	diu
t	ta		te				tai		tao	tou	tan		tang	teng	tong	ti		tiao	tie	
n	na		ne				nai	nei	nao	nou	nan	nen	nang	neng	nong	ni		niao	nie	niu
l	la		le				lai	lei	lao	lou	lan		lang	leng	long	li	lia	liao	lie	liu
g	ga		ge				gai	gei	gao	gou	gan	gen	gang	geng	gong					
k	ka		ke				kai	kei	kao	kou	kan	ken	kang	keng	kong					
h	ha		he				hai	hei	hao	hou	han	hen	hang	heng	hong					
j																ji	jia	jiao	jie	jiu
q																qi	qia	qiao	qie	qiu
x																xi	xia	xiao	xie	xiu
zh	zha		zhe	zhi			zhai	zhei	zhao	zhou	zhan	zhen	zhang	zheng	zhong					
ch	cha		che	chi			chai		chao	chou	chan	chen	chang	cheng	chong					
sh	sha		she	shi			shai	shei	shao	shou	shan	shen	shang	sheng						
r			re	ri					rao	rou	ran	ren	rang	reng	rong					
z	za		ze		zi		zai	zei	zao	zou	zan	zen	zang	zeng	zong					
c	ca		ce		ci		cai		cao	cou	can	cen	cang	ceng	cong					
s	sa		se		si		sai		sao	sou	san	sen	sang	seng	song					

ian	in	iang	ing	iong	u	ua	uo	uai	uei	uan	uen	uang	ueng	ü	üe	üan	ün
yan	yin	yang	ying	yong	wu	wa	wo	wai	wei	wan	wen	wang	weng	yu	yue	yuan	yun
bian	bin		bing		bu												
pian	pin		ping		pu												
mian	min		ming		mu												
					fu												
dian			ding		du		duo		dui	duan	dun						
tian			ting		tu		tuo		tui	tuan	tun						
nian	nin	niang	ning		nu		nuo			nuan				nü	nüe		
lian	lin	liang	ling		lu		luo			luan	lun			lü	lüe		
					gu	gua	guo	guai	gui	guan	gun	guang					
					ku	kua	kuo	kuai	kui	kuan	kun	kuang					
					hu	hua	huo	huai	hui	huan	hun	huang					
jian	jin	jiang	jing	jiong										ju	jue	juan	jun
qian	qin	qiang	qing	qiong										qu	que	quan	qun
xian	xin	xiang	xing	xiong										xu	xue	xuan	xun
					zhu	zhua	zhuo	zhuai	zhui	zhuan	zhun	zhuang					
					chu	chua	chuo	chuai	chui	chuan	chun	chuang					
					shu	shua	shuo	shuai	shui	shuan	shun	shuang					
					ru	rua	ruo		rui	ruan	run						
					zu		zuo		zui	zuan	zun						
					cu		cuo		cui	cuan	cun						
					su		suo		sui	suan	sun						

会話と日記で学ぶ中国語

2024 年 4 月 1 日　初版発行

著　者　王　振宇 / 李　小捷

発行者　柏　倉　健　介

発行所　株式会社　郁文堂

113-0033 東京都文京区本郷 5-30-21

電話 [営業] 03-3814-5571

[編集] 03-3814-5574

ISBN 978-4-261-01890-5

© 2024 Printed in Japan